Sylvie Girard-Lagorce

Rosenlust

Blume, Duftöl und Dekor

Mit Fotos
von Christian Sarramon
unter Mitwirkung der
Stilistin Nello Renault

Aus dem Französischen
von Sylvia Strasser

Gerstenberg Verlag

Dieses Rosenbukett
ist für
Suzanne Girard

Bibliografische Information Der Deutschen Bibliothek
Die Deutsche Bibliothek verzeichnet diese Publikation in der Deutschen
Nationalbibliografie, detaillierte bibliografische Daten sind im Internet
über *http://dnb.ddb.de* abrufbar.

Aus dem Französischen von Sylvia Strasser

Die Originalausgabe erschien 2000 unter dem Titel
La passion des roses bei Flammarion, Paris
Text Copyright © 2000 Sylvie Girard-Lagorce
Fotos Copyright © 2000 Christian Sarramon
Coypright © 2000 Flammarion, Paris
Konzeption: Ghislaine Bavoillot
Gestaltung: Sylvie Creuze
Produktion: Murielle Vaux
Litho: Sele Offset
Alle Rechte vorbehalten

3. Auflage 2005

Deutsche Ausgabe Copyright © 2001 Gerstenberg Verlag,
Hildesheim
Alle deutschen Rechte vorbehalten
Satz: Fotosatz Ressemann, Hochstadt
Printed in Spain
ISBN 3-8067-2885-2

www.gerstenberg-verlag.de

Inhalt

Es war einmal eine Rose

»C'est le plus vieux tango du monde
Celui que les têtes blondes
ânonnent comme une ronde
En apprenant leur latin.
Rosa, rosa, rosam
Rosae, rosae, rosas
Rosae, rosae, rosas
Rosarum, rosis, rosis (…)
Mais c'est le tango que l'on regrette
Une fois que le temps s'achète
Et que l'on s'aperçoit tout bête
Qu'il y a des épines aux Rosa.«

Jacques Brel, Chansons, Rosa

Die Rosenstudie (1909) von Adolphe
Castex-Degrange (1840–1918) (rechts),
der ebenso wie Antoine Berjon
(1754–1802) der für ihre Blumenmaler
berühmten Lyoner Schule angehört, fängt
die rührende Zartheit der Blumen ein
(ganz rechts), während die Rosen vor
weißem Hintergrund von Berjon durch ihr
subtiles Farbenspiel und ihre erlesene
Schlichtheit bezaubern (Seite 8).

Wer denkt schon beim Anblick von Rosen in ihrer ganzen üppigen und sinnlichen, duftenden und moosigen Pracht, ihrer leuchtenden Fülle aufregender Farben an ihre tausendjährige Geschichte, an die Mythen und Legenden, die Rätsel und Geheimnisse, die sich um sie ranken?

Einer Sage nach ist die weiße Rose aus Meerschaum, einer anderen zufolge gar aus den Schweißtropfen des Propheten Mohammed entstanden. Und die rote Rose soll ihre Farbe erhalten haben, als Aphrodite sich an den Dornen stach, die sie von Adonis trennten, und ihr Blut die Blume benetzte. Im Orient sagt man auch, die rote Rose sei aus einem Lächeln der Wollust hervorgegangen. Christliche Mystiker sahen sie auf dem gemarterten Leib Christi erblühen, und in Indien hielt sich eine Nachtigall, die die Menschen mit ihrem nächtlichen Gesang erfreuen wollte, wach, indem sie sich gegen die Dornen eines Strauches schneeweißer Rosen presste. Die Rose übt seit alters her einen einzigartigen Zauber aus: »Rose, du thronende, denen im Altertume warst du ein Kelch mit einfachem Rand. *Uns* aber bist du die volle zahllose Blume, der unerschöpfliche Gegenstand«, schrieb schon Rilke.

Eine symbolträchtige Blume

Von allen Blumen, wild wachsenden ebenso wie den seit der Antike in China, Griechenland oder im Orient gezüchteten, besitzt die Rose die stärkste Symbolkraft: Weiß steht für Unschuld und Reinheit, Rot für Leidenschaft und Sinnlichkeit, für Blut und Martyrium. Wenn die zarte, von spitz zulaufenden Kelchblättern umschlossene Knospe sich zu einer Blüte öffnet, deren Blätter an weich fallenden Musselin erinnern, ahmt sie die Entwicklung von der Unschuld zur Reife nach. Aber nicht nur das unendlich Zarte, Samtige gehört zum Wesen der Rose, sondern, in Gestalt der Dornen, auch der stechende Schmerz: Liebe und Leid vereint in einer Blume von betörender Schönheit. Die Rose ist von jeher die vornehmste aller Blumen. Seit über zweitausend Jahren, schrieb André Pieyre de Mandiargues, werde sie durch Riten, Bräuche oder allein aufgrund ihrer emotionalen Kraft verknüpft mit der Geburt des Menschen, der Unberührtheit

Die Rose steht für Unschuld und Reinheit ebenso wie für Leidenschaft und Feuer. Weiß und Rot (oben) *sind die beiden ursprünglichen Farben der Königin der Blumen, die einer antiken Sage nach aus Meerschaum entstanden ist.*

Die Zentifolie oder »Malerrose« hat ihren reizenden Beinamen erhalten, weil sie seit der großen Zeit der holländischen Malerei auf zahllosen Gemälden dargestellt wurde. Mit ihren schweren Blüten, die sich unter ihrem Gewicht zu Boden neigen, wie auf dem Bild Rosenstrauch *(1871) von Jean-Pierre Lays (1825–1887) (unten), ist sie die romantische Rose schlechthin. Das seit dem Spätmittelalter beliebte Motiv »Jungfrau Maria mit Rosenbusch« verknüpft die Reinheit der Muttergottes mit dem vergossenen Blut Christi. Das Gemälde (rechts) des Malers Saint-Jean Simon (1808–1860) ist eine neugotische Variante dieses Motivs, wie sie für das 19. Jh. kennzeichnend war.*

des Mädchens, dem Verlust der Unschuld und der körperlichen Begierde, mit Vergänglichkeit und dem Tod des Fleisches, mit geistiger Erneuerung und Wiedergeburt. Der heilige Ambrosius hat es in aller Deutlichkeit formuliert: Die Rose sei die einzige Blume, die aus dem Paradies kommt. Aber dort hatte sie keine Stacheln. Diese bekam sie erst nach der Vertreibung des Menschen aus dem Garten Eden. Ihre bezaubernde Schönheit und ihren göttlichen Duft aber durfte sie behalten, damit sie der Menschheit vom ewigen Heil künde. Bei Antoine de Saint-Exupéry verteidigt der kleine Prinz die Rosen gegen den Vorwurf, die Dornen »aus reiner Bosheit« wachsen zu lassen: »Die Blumen sind schwach. Sie sind arglos. Sie schützen sich, wie sie können. Sie bilden sich ein, dass sie mit Hilfe der Dornen gefährlich wären …«

Die Mystische Rose, die ein ekstatischer Dante am Schluss seiner *Göttlichen Komödie* erblickt, ist nichts anderes als eine weiße Rose, die *Rosa candida* der reinen göttlichen Liebe. Ihre architektonische Entsprechung findet sie in den Fensterrosen, den großen runden Buntglasfenstern insbesondere gotischer Kathedralen wie Notre-Dame in Paris, wo die Rosetten einen Durchmesser von 13 Metern haben. Die Rose ist aber nicht nur Sinnbild für das Herz der Welt, sondern auch für die heilige Muttergottes. Ihr Attribut, das später auch mystische Heilige und Novizinnen übernehmen, ist der Kranz weißer Rosen, und in Frankreich bezeichnete man ein tugendhaftes Mädchen, dem man einen Rosenkranz aufsetzte, als *rosière*. Die allegorische Darstellung des paradiesischen Gartens, wie er im Hohelied beschrieben wird, eines eingefriedeten Gartens voller Blumen, weicht im Mittelalter unter dem Einfluss der Kirche und ihrer Marienverehrung einer anderen Metaphorik: Maria als Garten der Reinheit, wo die Rose, die Erste unter den Blumen, als sichtbarer Ausdruck ihrer Tugendhaftigkeit gedeiht. Der heilige Dominikus, so berichtet die Legende, erhielt von der Jungfrau Maria eine Rose, die aus der Dornenkrone Christi erblüht war. Dann trug sie ihm auf, weitere Rosen zu pflücken und sie zu einem Kranz zu flechten: so entstand der Rosenkranz. Später wurden die Rosenkranzperlen aus getrockneten und zerstampften, mit Rosenöl parfümierten Rosenblütenblättern hergestellt.

Der viele tausend Verse umfassende *Rosenroman,* dessen Thema, die höfische Liebe, in einem anderen Garten als dem der Reinheit angesiedelt ist – dem der Lüste nämlich –, erzählt von der Suche eines Verzweifelten, der allen Gefahren trotzt, um ans Ziel seiner Wünsche zu gelangen: die Rose zu pflücken und ihre Blütenblätter zu liebkosen, sie auseinander zu biegen und sich in der Blüte zu verlieren – was nichts anderes ist als eine Metapher für die Entjungferung der Geliebten. Ein Motiv, das sich in abgewandelter Form auch in dem Märchen *Dornröschen* findet, denn nachdem sich der kühne Prinz durch die Dornenhecke gekämpft, das heißt das Jungfernhäutchen zerrissen und die Schlafende wachgeküsst hat, ist der Zauber gebrochen, und im Schloss kehrt wieder Leben ein. Reicher Kindersegen belohnt das Paar ... Das Schenken roter Rosen gilt bis heute als ein untrügliches Zeichen der Liebe. Und bei den Zigeunern ist es Brauch, nach der Hochzeitsnacht ein rotes, in Form einer Rose gefaltetes Taschentuch vorzuzeigen.

Römische Rosen, persische Rosen

Den Griechen wie später den Römern galt die Blume mit den samtigen Blütenblättern als Sinnbild der Liebe und ihrer unwiderstehlichen Macht und war als solche nicht wegzudenken von ihren Festen oder Gelagen. Die in Süditalien in großen Mengen angebaute wohlriechende Rose – vermutlich handelte es sich um die Damaszenerrose, die ihres erlesenen Duftes wegen auch heute noch im südfranzösischen Grasse, in der Türkei, in Bulgarien und in Marokko gezüchtet wird – gehörte zu den heidnischen Elementen römischer Ausschweifungen.

Bekränzt mit Rosen und behängt mit Rosengirlanden, deren betörender Duft die Wirkung des Weines aufheben sollte, tafelten die reichen Patrizier auf ihren mit Rosenblütenblättern übersäten Liegen und tranken aus rosenverzierten Bechern. An den *rosalia* genannten Festtagen im Mai schmückten sie die Gräber der Toten mit Rosen und brachten den Manen als Opfergaben Speisen aus Rosen dar. Es war Kaiser Nero, der als Erster Rosenblütenblätter auf seine Gäste

Der englische Maler Sir Lawrence Alma-Tadema (1836–1912) ließ sich von historischen Fakten zu seinem Gemälde The Roses of Heliogabalus *inspirieren (links und ganz unten). Es spiegelt die Dekadenz Roms und den Sinn für Luxus und Feste des jungen Kaisers wider. Wer mit Rosen bekränzt war, galt in der Antike als Liebling der Götter. Der Brauch hielt sich bis in die christliche Zeit. Das kleine Bild (unten) zeigt einen Ausschnitt aus dem Gemälde* Pilgrim at the Gate of Idleness (1874) *von Edward Burne-Jones (1833–1898).*

Die Dichter der Antike haben die Rosen viele Male besungen, und sie regen die Menschen bis zum heutigen Tag zum Träumen an (oben: Sommerallegorie, 1862, von W. E. Reynold). Die Rose ist zweifellos die Königin der Blumen (unten: die Sorte 'Charles de Gaulle' von Meilland Richardier, die ebenso wie 'Mamy Blue' zu den seltenen »blauen« Rosen zählt).

regnen ließ. Unter Kaiser Heliogabal verwandelte sich der Blütenzauber in einen Albtraum: Statt einen Arm voll Rosenblütenblätter über seine Gäste rieseln zu lassen, begrub er sie buchstäblich unter ungeheuren Massen von Blumen, sodass sie erstickten. Die grenzenlose Liebe der Römer zur Rose hatte auch etwas mit ihrer Kurzlebigkeit zu tun. Die Blume des Lebens und der Liebe, deren außergewöhnliche Schönheit Seele und Augen gleichermaßen bezaubert, ist ebenso die Blume des Todes und des Verfalls, ein eindringlicher Verweis auf die Vergänglichkeit des Lebens. Hekate, die von heulenden Hunden umgebene Göttin, die die Seelen der Verstorbenen holt, wird mit einem Kranz aus fünfblättrigen Rosenblüten dargestellt.

Die persischen Gärten, wahre Blumenparadiese, in denen die Rosen bei weitem überwogen, waren Orte der Meditation und der Ruhe, fernab vom betriebsamen Alltag. Hier ließen sich kreative Geister inspirieren zu brillanten Gedichten, meisterlichen Mosaiken oder Stickereien, zu erlesenen

Schmuckstücken oder prächtigen Teppichen. In seinem Buch *Gulistan (Der Rosengarten)*, einer aus dem 13. Jahrhundert stammenden und weit über die Grenzen des Islam hinaus bekannten Abhandlung über die Sexualmoral und die Mystik jener Zeit, erhebt der persische Dicher Saadi den Rosengarten zu einem Ort vollkommener Ekstase. In der wunderschönen, aber vergänglichen Rose sieht er das Idealbild menschlichen Verhaltens. Jede Pflanze, die neben einem Rosenstrauch wächst, nehme dessen Duft an, schreibt er beispielsweise, was nichts anderes ist als ein Gleichnis zum Thema: Sage mir, mit wem du umgehst, und ich sage dir, wer du bist … Der im 11. Jahrhundert lebende persische Dichter und Mathematiker Omar Khayyam war berühmt für seine Vierzeiler, in denen sich seine Furcht angesichts der Vergänglichkeit des Seins spiegelt und in denen er Frauen, Rosen und Wein besingt: »Rosenfarbiger Wein … das Wasser der Rosen … Im Kristall ein Rubin von großer Reinheit … Genieße das Glück an der Seite der rosenwangigen Geliebten …«

Alchimie und Mysterium

D ie Symbolkraft der Rose in der morgen- und abendländischen Kultur ist stärker noch als die der Lotusblume in Asien. Der Bogen reicht von der roten Rose als Zeichen für körperliche Leidenschaft und Verlust der Unschuld bis hin zur Rose, die von einer Faust umschlossen und von jenen hoch gehalten wird, die nach Umsturz rufen oder für Gerechtigkeit kämpfen. Rot ist auch die Rose im Wappen der Rosenkreuzer, wie sich die Anhänger einer esoterischen Bruderschaft nennen. Und für die Alchimisten steht die weiße Rose für das »Kleine Magisterium«, die Umwandlung minderwertiger Metalle in Silber, die rote Rose hingegen für das »Große Magisterium«, die Umwandlung unedler Metalle in Gold.

Beeindruckt von dieser allegorischen Vielfalt haben die Landschaftsarchitekten Arnaud Maurières und Eric Ossart im provenzalischen Eygalières einen Garten angelegt, in dem man wie auf einer Initiationsreise über verschiedene symbolbefrachtete Stationen, die Augen und Geruchssinn anspre-

Nach einem Brauch, der auf das 11. Jh. zurückging, segnete der Papst am vierten Fastensonntag eine goldene Rose, das Symbol der Auferstehung, die er dann als Zeichen der Verehrung einer bekannten Persönlichkeit schenkte. Die hier gezeigte Rose wird in Andechs aufbewahrt, sie dürfte um 1450 von einem florentinischen Goldschmied in Rom angefertigt worden sein.

Symbol des Ewigweiblichen, das im Geheimen erblüht, der idealen Geliebten, die die Leidenschaft des Ritters entflammt, war die Rose seit dem mittelalterlichen allegorischen Rosenroman Quelle der Inspiration für Dichter und Maler gewesen, die die höfische Liebe thematisierten. Die englischen Präraffaeliten des 19. Jhs. griffen, unter dem Einfluss der italienischen Maler des ausgehenden Mittelalters, das Thema ebenfalls auf (oben: Das Herz der Rose von Edward Burne-Jones). Aber auch die Spieler der englischen Rugby-Nationalmannschaft tragen eine gestickte Rose auf ihren weißen Trikots (unten).

chen, zu einem »Werk in Rot« gelangt: einem Feuerwerk aus 33 flammend roten Rosensträuchern.

Weil sie ihre Liebe geheim halten wollte, sandte Venus einst Harpokrates, dem Gott des Schweigens, eine Rose, ihre Lieblingsblume. Die Römer leiteten von dieser Sage den Brauch ab, eine Rose an die Zimmerdecke zu hängen, um auszudrücken, dass nichts von dem, was in diesem Raum gesprochen wurde, nach außen dringen sollte. Noch heute kennt man die Redewendung *sub rosa* – unter der Rose –, was so viel bedeutet wie »unter dem Siegel der Verschwiegenheit«.

Die Rose als Emblem

Weiß war die Rose Yorks, rot die von Lancaster. Nicht nur bei Dichtern und Liebenden erfreut sich die Rose großer Beliebtheit, nach ihr wurde auch ein Konflikt benannt, der zu den dunkelsten Kapiteln der englischen Geschichte zählt: die Rosenkriege, die Shakespeare in *Heinrich VI.* thematisiert. Lancaster führte nämlich eine rote Rose im Wappen, York eine weiße als Feldzeichen. Erst dreißig Jahre später gelang es, die beiden Parteien auszusöhnen, denn eine neue Rose, die des Hauses Tudor, erblühte. Sie hatte zwei Reihen zu je fünf Kronblättern, die einen weiß, die andern rot. Bis heute ist sie auf den höchsten Auszeichnungen des britischen Königreiches zu sehen. Und nicht nur dort: Sie ziert auch das Trikot der englischen Rugbyspieler.

Die Rose als kriegerisches Abzeichen ist keine Erfindung der Neuzeit. Bereits Homer erwähnt, dass Hektors Helm ebenso mit einem Rosenmuster verziert war wie Achilles' Schild. Orden und Parteien, Bruderschaften und Wappenträger haben im Laufe der Geschichte immer wieder das Motiv der Rose gewählt, ob gemeißelt oder geschnitzt, ob ziseliert, graviert oder gemalt.

Die Rose dient auch als Sinnbild für historische Ereignisse, deren Wiederkehr gefeiert wird. In London etwa überreichen Mitglieder einer der ältesten religiösen Stiftungen der Stadt jedes Jahr am 24. Juni dem Bürgermeister eine Rose auf einem Samtkissen: Sie symbolisiert die Abgabe, die einem gewissen Robert Knollys im 14. Jahrhundert auf Lebenszeit auferlegt wurde, weil er ohne amtliche Genehmigung eine überdachte Passage zwischen seinen beiden Häusern rechts und links der Seething Lane errichtet hatte.

Im Süden Europas wird der 23. April, der Tag des heiligen Georg, auf besondere Weise begangen: In Spanien ist es nämlich Brauch, an diesem Tag eine Rose und ein Buch zu verschenken.

Die Rose und die Dichter

W ie hat man die Rose doch missbraucht!«, klagte der Journalist und Hobbygärtner Alphonse Karr in *Voyage autour de mon jardin* bereits Mitte des 19. Jahrhunderts. »Die Griechen haben fünf, sechs nette Dinge über die Rosen gesagt, die Lateiner haben sie übersetzt und noch drei, vier hinzugefügt. Seit dieser Zeit haben die Dichter aller Länder und Epochen übernommen, übersetzt, wiederholt, was die Griechen und Lateiner geschrieben hatten, ohne irgendetwas Eigenes hinzuzufügen. Wer in Versen schreibt, kennt nur das *Röslein fein,* weil es sich so schön reimt. Vor vierhundert Jahren hat ein kühner Neuerer *Röslein rein* daraus gemacht, und dabei ist es geblieben. Warum betrachten wir sie nicht einfach und beschreiben, was wir sehen?«

Trivialer Bestandteil zahlloser Sagen und Legenden, Vehikel unzähliger Botschaften, banales Medium der Götter und der Menschen, der Liebe und des Todes, des christlichen und des islamischen Paradieses, ist die Rose aber auch Sinnbild der Vollkommenheit. So ist die Zahl ihrer Kronblätter ein Vielfaches von fünf: bei der einfachen Rose fünf oder zehn, bei der gefüllten zehn, fünfzehn oder mehr. Und fünf ist die Zahl der Ausgeglichenheit, der Harmonie, der Ausgewogenheit. Ein Rätsel bleibt sie dennoch, die Rose!

»Rose, oh reiner Widerspruch, Lust, Niemandes Schlaf zu sein unter so viel Lidern«, schrieb Rainer Maria Rilke, der durch die Verletzung an einem Rosendorn tödlich erkrankt sein soll – eine zu schöne Geschichte, um *nicht* wahr zu sein.

»Du verblühst schon, holde Rose,
weckt dich nicht der Sonne Strahl?
O, du liebe, kleine, lose –
o, erblühe noch einmal!
Einmal öffne noch die Hülle,
sieh, ich will bescheiden sein –
einmal lass mich noch der Fülle
deines Glanzes voll erfreun!
(…) «
Rainer Maria Rilke, Verblühst du schon?

Gartenrosen

»*Es ist eine Rose, die du noch nie gesehen hast,*
eine Überraschung für dich. Schon unglaublich,
die Rosa reclinata *mit ihren hängenden Knospen,*
und die Inermis *ohne Stacheln, ein Wunder, nicht?,*
kein einziger Stachel?, und die Myrtifolia,
sie kommt aus Belgien,
und die Sulfurata *leuchtet in der Nacht.*
Aber diese hier übertrifft alle an Seltenheit.
Die Botaniker nennen sie Rosa mutabilis,
was so viel heißt wie wandelbar, die sich verändert …
Am Morgen ist sie rot, abends wird sie weiß,
und wenn es Nacht wird, verliert sie ihre Blätter.«

Federico García Lorca,
Doña Rosita oder Die Sprache der Blumen

Rosen sind trotz ihrer vermeintlichen Zartheit robuste und sehr langlebige Pflanzen, die sich Jahr für Jahr zu voller Schönheit entfalten (rechts). *Rosen in hellen Farben kommen vor einer dunkelgrünen Hintergrund besonders gut zur Geltung. Ein idyllisches Plätzchen: eine Bank im Halbschatten, umgeben von Rosen* (ganz rechts).

Blättert man durch die dicken Kataloge, in denen aberhundert Sorten aufgelistet sind, ist man geradezu überwältigt von der unglaublichen Vielfalt der Welt der Rosen. Wie soll man sich zurechtfinden angesichts dieser Unmenge von wissenschaftlichen Bezeichnungen, von fantasievollen oder endlosen, hochtrabenden Namen?

Der Gartenliebhaber lässt sich von Düften und Farben, von Wuchs und Größe leiten, er gehorcht ganz einfach seiner Eingebung, die vielleicht von einem Gefühl oder einer Erinnerung beeinflusst wird. Sein erster Garten sei der Gemüsegarten seiner Schule gewesen, erzählt der Modemacher Jean-Charles de Castelbajac. Jetzt habe er sich mit seinem Haus in Gers einen Traum erfüllt: Auf einem ehemaligen Friedhof legte er einen Garten mit Bäumen und tausend Rosenstöcken in allen Farben an. Neben alten Rosen habe er auch Dijonrosen und moderne Züchtungen, zum Beispiel die Sorte 'Gina Lollobrigida', gepflanzt. Die Farbenpracht im Juni sei einmalig, schwärmt er.

Rosengärten

Eine Rose ist, von der ersten Knospe bis zum Abfallen der Kronblätter, niemals gleich. Je nach Standort, Jahreszeit, Tageszeit und Witterung zeigt sie sich von einer anderen Seite. Diese Wandlungsfähigkeit macht einen Großteil ihres Zaubers aus. Und jedes Mal wird einem bei ihrem Anblick ganz warm ums Herz – überhaupt ist ein Rosengarten, jedenfalls nach Meinung der Rosenliebhaber, eine reine Herzensangelegenheit. Man muss sie bedingungslos lieben, die 'Belle de Crécy' mit den purpurnen, in der Sonne fast malvenfarbenen Knospen in ihrem schmucken grünen Kleid oder die 'Honorine de Brabant', die sich im Spätfrühling in der ganzen Pracht ihrer altmodischen Schönheit und ihrer Aufsehen erregenden weiß-bunten Kronblätter zeigt.

Im Rosengarten der Jardins de Bagatelle in Paris findet alljährlich eine internationale Rosenschau statt, auf der Neuzüchtungen vorgestellt werden. Tausende Rosen in mehreren hundert verschiedenen Sorten, zum Beispiel gefüllte (unten) oder einfache wie die 'Patricia' (ganz unten), kann man dort bewundern. Die 'Pink Cloud' – rosa Wolke (links) – trägt ihren Namen zu Recht. 1899 wurde in L'Haÿ im Val-de-Marne ein Garten ausschließlich mit Rosen bepflanzt: So entstand das weltweit erste Rosarium (folgende Doppelseite).

Von weitem bewundert man die hoheitsvolle Haltung der fuchsienfarbenen 'Thérèse Bugnet' und streift mit dem gleichen liebevollen Blick die wunderschöne 'Salet', die ihre moosigen altrosa Blütenblätter auf dem Rasen verteilt, als würde ihr die Last zu schwer. Den Eingang zu einem Obstgarten wird man mit der 'Martin des Senteurs' schmücken, die den Duft exotischer Früchte verströmt, und in die Nähe eines Schlafzimmerfensters passt die sinnliche, samtige 'Belle Sultane' mit ihren granatroten Blüten, die wie schmeichelnder Musselin sind.

Die blassgelb blühende 'Mermaid' klettert mit ihren langen Ranken eine warme, sonnenbeschienene Mauer empor. Die 'Neige d'avril' – Aprilschnee – hingegen begrüßt ein mildes Frühjahr mit einer opulenten, makellos weißen Blütenfülle. Voller Zärtlichkeit beugt man sich über die 'Omar Khayyam', die, angeblich aus einem Samenkorn vom Grab des Dichters im nördlichen Iran gezogen, leuchtend rosa Blüten hervorbringt, die in der glühenden Sonne den intensiven Duft einer wahren Damaszenerrose verströmen.

Ob Farbe, Duft oder die fast ganzjährige Blütezeit: Für jeden Geschmack gibt es heutzutage die richtige Rose. Hochstamm- oder Rankrosen, Busch- oder Kletterrosen, Trauerrosen oder Rosen als Bodendecker, Strauch- oder Zwergrosen – die erstaunliche Vielfalt lässt keine Wünsche offen, ob nur ein Beet oder der ganze Garten überwuchert, die Hauswände geschmückt – wie zum Beispiel mit der prächtigen ockergelben 'Crépuscule' –, ein schlichter Spalierbogen oder eine ganze Laube umrankt, ein Weg gesäumt oder ein alter Obstbaum als Klettergerüst zweckentfremdet werden soll. Umschlungen von der duftigen, wogenden, zartrosa 'New Dawn' wirkt selbst ein bescheidener Gartenschuppen wie ein Märchenschloss. Diese nach reifen Früchten duftende Rose gehört zu den Lieblingssorten der englischen Königinmutter, deren Liebe zu Rosen sich in den Parkanlagen all ihrer Residenzen manifestiert. Die 'Albertine' mit

Im Park von Courson rankt die 'Cécile Brunner' an einer alten Scheune empor (ganz links). Zur Begrünung einer Mauer eignet sich auch die 'Alister Stella Gray', eine der Lieblingsrosen des Schriftstellers und Önologen Hugh Johnson. Sie blüht bis in den Dezember.

In Varengeville-sur-Mer im Bois des Moutiers hat die englische Botanikerin Gertrude Jekyll die »gezeichneten Gärten« entworfen, eine Reihe in sich geschlossener Areale (oben und ganz oben): Im »weißen Garten« führt der gepflasterte Weg zwischen Rosensträuchern der Sorte 'Fée des neiges' hindurch zum Haus.

*Rosen lieben Sonnenschein, deshalb gedeiht
die 'Pierre de Ronsard' in der Provence
besonders gut. Hier schmückt sie den Garten
des Mas de Tourteron in Gordes, eine bezaubernde Essecke im Freien (unten). In Giverny
harmonieren die umrankten Spalierbögen in
Farbe und Form (ganz unten). Die kräftigen
Sträucher der 'Centenaire de Lourdes' bringen üppige, großblumige Blüten hervor, deren
zartes Rosa sich im Herbst ein wenig dunkler
färbt (rechts). Der Klassiker aus der Rosenbaumschule Delbard ist in England unter
dem Namen 'Mrs. Jones' bekannt.*

ihren lachsroten Knospen und fast kupferfarbenen Blüten schätzt sie ebenfalls sehr – die gute alte 'Albertine'
sei widerstandsfähig gegen fast alles, sagte sie einmal –,
und die prachtvoll gefärbte 'Glenfiddich', benannt
nach einem berühmten schottischen Whisky, zählt
ebenfalls zu ihren Favoriten.

Der Garten des Malers Claude Monet in Giverny
weist den Farben- und Formenreichtum eines Mille-
fleurs-Behangs auf und bringt dabei die individuelle
Schönheit der Rosen besonders gut zur Geltung.
Eine davon ist die 'Madame Caroline Testout', die den
Namen einer berühmten Schneiderin des 19. Jahrhunderts trägt; sie hat schwere, gefüllte, runde Blüten von
einem unvergleichlich seidigen Rosa. Noch spektakulärer aber ist der Garten des Hôtel Baudy, wo der Maler
und seine Freunde regelmäßig zusammenkamen. Dort
schlängeln sich die Wege durch ein wahres Meer von
Rosen. Es ist ein Garten, wie man ihn früher gestaltete,
ein romantisches Fleckchen voll wilder Rosen, und bei
seinem Anblick glaubt man sich in ein Gemälde des
19. Jahrhunderts versetzt.

Der Rosenfreund hegt eine zärtliche Zuneigung zu
seinen Blumen, er liebt es, sie wie Kinder wachsen und
gedeihen zu sehen, er umsorgt sie, spricht ihnen gut zu
und verteilt »Fleißpunkte«. In seinem Werk *In Swanns
Welt* beschreibt Marcel Proust genau diese Gefühle, als
er schildert, wie seine Großmutter heimlich die Stütz-
pfähle an den Rosenstöcken herausreißt, damit sie sich
natürlicher entfalten können, und er vergleicht die
Geste mit der einer Mutter, die ihrem Sohn durchs Haar
fährt, weil der Friseur es so stark gebändigt hat, dass es
ihm flach am Kopf anliegt.

Die Rose war ursprünglich eine reine Wildblume.
Welche Faktoren die Veränderungen beeinflussten, die
sie anfangs durchlief, ist nicht bekannt. Erst später
griff der Mensch ein, indem er durch Einkreuzung
immer neue Zuchtformen schuf. Mittlerweile geht ihre
Zahl in die tausende, was eine Einteilung sehr schwer
macht. Deshalb ist man der Einfachheit halber dazu
übergegangen, sowohl alte als auch neue Rosen im

Allgemeinen nach Wuchsform und Verwendung zu unterscheiden.

Was Standort, Verwendungsart und Zusammenstellung betrifft, gilt der Grundsatz: Erlaubt ist, was gefällt, ob Rosenblüten zwischen alten Linden vor einer Hauswand oder zwischen den Beeten eines Gemüsegartens, wie es früher üblich war. Auf Schloss Saint-Jean-de-Beauregard in Essonne ergänzen sich Gemüse, Obst und Blumen in vollendeter Harmonie zu einem Bild von unübertroffenem Farbenreichtum, aber es sind die Rosen und die Pfingstrosen, die die Szenerie beherrschen. André Eve, ein passionierter Rosenzüchter aus Pithiviers-le-Vieil in Loiret, dessen einzigartiger Garten der Öffentlichkeit zugänglich ist, hält den Rosenstock für den besten Gefährten der Rebe. Aus diesem Grund hat er die 1999 vorgestellte Züchtung 'Graves de Vayres' nach einem der edelsten Bordeauxweine benannt – Rose und Wein haben den gleichen tiefen, warmen Rotton. Als er einmal nach seiner Lieblingssorte gefragt wurde, antwortete der Rosenzüchter nach langem Zögern, das sei wohl die

Im Priorat Notre-Dame d'Orsan bilden die Kletterrosen duftende Mauern (links). *Rosen neben Reben zu pflanzen hat eine lange Tradition: An den Rosen lässt sich frühzeitig der Befall mit Mehltau erkennen* (unten: *in einem provenzalischen Garten*). *Im Garten von Saint-Jean-de-Beauregard harmonieren Obst, Gemüse und Blumen miteinander* (ganz unten).

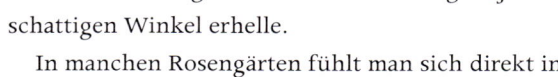

Der talentierte Landschaftsarchitekt Louis Benech schätzt opulente Rosen wie die 'Madame Isaac Pereire' (oben) ebenso wie die feineren Teehybriden (unten). In dem von ihm gestalteten Garten des Priorats Saint-Michel ergänzen sich Wasser, Himmel und Erde zu einem friedvollen, heiteren Bild (rechts). Die in Farbgruppen gepflanzten Rosen fügen sich wunderbar zwischen Stauden und Zierhecken ein (folgende Doppelseite).

'Ghislaine de Féligonde', deren Elfenbeingelb jeden schattigen Winkel erhelle.

In manchen Rosengärten fühlt man sich direkt in eine mittelalterliche Novelle hineinversetzt. Giovanni di Boccaccio hat ein solch »irdisches Paradies«, einen Garten von »wunderbarer Schönheit« in seinem Dekameron folgendermaßen beschrieben: »Und diese Gänge waren (…) an den Seiten überall mit Hecken von weißen und roten Rosen und Jasmin gleichsam geschlossen, sodass man sich unter dem lieblichen, würzigen Schatten nicht nur am Morgen, sondern auch wann die Sonne am höchsten stand, nach Belieben ergehn konnte, ohne von den Strahlen getroffen zu werden.«

Die gleiche verzauberte, an die mittelalterlichen Klostergärten erinnernde Atmosphäre kennzeichnet die Gärten des Priorats Notre-Dame d'Orsan in Maisonnais, wo hölzerne Spalierbögen und Glorietten Akzente setzen und üppig wogende Rosen in hellen zarten Farbtönen sich einander zuzuneigen und Geheimnisse auszutauschen scheinen. Geradezu märchenhaft wirkt eine Mauer, die vollständig von der 'Pierre de Ronsard', in Deutschland unter dem Namen 'Eden 85' erhältlich, überwuchert ist.

Kletterrosen brauchen viel Platz, um sich ausbreiten zu können. An der orangeroten Backsteinfassade von Schloss Sissinghurst in der englischen Grafschaft Kent klettert eine prächtige zartrosa Rose an Fenstern und Kranzgesims vorbei bis zum Ziegeldach hinauf. Hier lebte die englische Schriftstellerin Vita Sackville-West, die nach eigenem Bekunden »verrückt nach Rosen« war. Sie würde zu gern wissen, schrieb sie einmal humorvoll, wer diese Madame Lauriol du Barny war, nach der man eine so hinreißende Blume benannt hatte. Vielleicht eine in der Pariser Halbwelt verkehrende Lebedame? Oder die ehrenwerte Gattin eines Lyoner Rosenzüchters?

Ob duftender Busch neben einem schattigen Ruheplätzchen oder rote Ton-in-Ton-Dekoration vor einer alten Mauer, ob imposante Trauerrose als Abschluss

Die Rosenbaumschule Berty bei Largentière, wo Kletter- und Rankrosen Bäume und Lauben vollständig überwuchert haben, bietet im Juni zurzeit der Rosenblüte einen atemberaubenden Anblick (unten und ganz unten).

eines Rasenstücks oder bodendeckende Rosen als Teppich bis zur Haustür, ob in verschwenderischer Fülle oder einzeln und unaufdringlich, ob edel oder rustikal, ob wild wuchernd oder wohl geordnet, ob kühner Blickfang oder zarter Hintergrund: Rosen passen sich jeder Umgebung hervorragend an.

Wie ist die magische Anziehungskraft der Rose, die jeden noch so bescheidenen Garten aufwertet, die all unsere Sinne anspricht und uns zum Träumen verleitet, zu erklären? Eléonore Cruse, die Besitzerin der Rosengärtnerei Berty, eines kleinen, in den waldigen Tälern der Ardèche versteckten Blumenparadieses, wo hunderte von Buschrosen in Beeten und an Bäumen oder Lauben emporrankende Kletterrosen einen atemberaubenden Anblick bieten, hat eine eigene Erklärung: alte Rosen zu pflanzen sei wie eine Reise durch die Zeit, man habe den Wunsch sie anzuhalten und erschaffe sich dabei unbewusst seine eigene, ganz persönliche Welt. Zu ihren ungewöhnlichsten Rosen gehören die nach grünen Äpfeln duftende 'Paul Transon', deren Kupfertöne zu den schönsten überhaupt zählen, und die Aufsehen erregende 'Raubritter', die an einem Weiher wächst und deren biegsamen Triebe mit den runden Blüten sich bis zu den Seerosen hinunterneigen.

Rosen für alle Jahreszeiten

Rosen blühen je nach Sorte von April bis Weihnachten. Eine nach der anderen schmückt den Garten mit ihrem schillernden Farbenspiel. Manche Sorten blühen nur einmal im Jahr für relativ kurze Zeit, dafür aber umso üppiger; andere legen zwischen mehreren Blütezeiten kurze Pausen ein, während wieder andere fast ununterbrochen blühen. Einige treiben im Herbst noch einmal Blüten, prächtiger noch als beim ersten Mal im Mai oder Juni.

Die 'Neige d'avril' eröffnet den Reigen. Gleich zu Beginn des Frühjahrs verströmen unzählige anmutige, schneeweiße Blüten einen frischen, säuerlichen Duft. In Gegenden mit milderem Klima leitet Anfang April die 'Canary Bird', eine kräftig gelbe Strauchrose, die wunderbar mit dem Blau von Vergissmeinnicht harmoniert, das Frühjahr ein. Mitte Mai öffnen sich die großen weißen Blüten der 'Nevada', als hießen sie die ersten warmen Tage willkommen, und auch für die 'Madame Edouard Herriot' beginnt die Saison. Ihr unglaublich zartes Korallenrot spielt ins Ocker- und Terrakottafarbene, so als ob sich schon der Sommer in seiner ganzen Pracht eingestellt hätte.

Die eigentliche Blütezeit der Rosen aber beginnt im Juni. Die hauchzarten, fast flaumig wirkenden weißen Blüten der 'Madame Plantier' stehen eng zusammen an den Zweigen des Strauches, der sehr groß werden kann, und bilden eindrucksvolle, nach Schönheits-

Die für die alten Rosen typische Blütenform und die matt rosa Farbe machen den Zauber der 'Pierre de Ronsard' aus, einer robusten Kletterrose von Meilland Richardier, die das ganze Jahr über zahllose Blüten treibt (unten)*, als machte sie sich einen Spaß aus den Worten ihres Namenspatrons:* »Pflück, eh sie welkt, die Rose dieser Welt …« *Vielleicht hat sich die Modeschöpferin Lolita Lempicka von der Blütenpracht in ihrem Garten zu den reizenden Seidenrosen auf ihren Brautkleidern inspirieren lassen* (folgende Doppelseite)*.*

Im Bauerngarten von Claude Pigeard in Wy-dit-Joli-Village kann man sich ab Juni bis zum Herbst an der Blütenpracht der Heckenrose 'Mozart' erfreuen (ganz oben): *An heißen Tagen leuchtet ihr Karmesinrot besonders kräftig; gegen Ende der Blühperiode verblasst es. Die 'Lordly Oberon'* (oben) *mit runden, gefüllten, pastellrosa Blüten, die einen betörenden Duft verströmen.*

creme duftende Buketts. Mit der schönen Jahreszeit entfaltet sich auch die wohlriechende 'Gloire des Mousseux' in märchenhafter, verschwenderischer Üppigkeit. Blüten in Hülle und Fülle, ob in Weiß, Rosa oder Orange, in lebhaftem Rot oder Purpur, zweifarbig oder marmoriert, treiben auch die Rosen im Bauerngarten von Claude Pigeard in Wy-dit-Joli-Village in Oise. Die 'Mozart' zum Beispiel, eine Heckenrose, bringt ein wahres Meer von Blüten, weiß mit karminrotem Rand, hervor. Die Laubengänge sind vollständig zugewachsen mit Rosen, deren Ranken sich unter der Last der köstlich duftenden Blüten bis auf den Boden senken.

Das Schmuckstück des Monats Juni, darin sind sich alle Rosenliebhaber einig, ist die 'Pierre de Ronsard' mit ihrer zarten, ansprechenden Färbung, dem der Kletterrose eigenen Zauber und ihrer Zeichnung, die so exquisit ist wie eine persische Miniatur. Als Einfassung eignen sich die leuchtenden Büsche der 'Comtesse du Barry', einer alten Rose par excellence, deren blassgoldene Blüten wie Lichtpunkte auf grünen Rasenflächen wirken. Im Juli setzt sich die Zeit der üppigsten Blüte fort, und einige etwas später blühende Sorten sind einzig in ihrer Art, so wie die prachtvolle 'Cuisse de Nymphe' (wörtlich Nymphenschenkel; der sittsamere englische Name lautet 'Maiden's Blush': Jungfernröte); die unverwechselbare, an die schamhaft geröteten Wangen eines jungen Mädchens erinnernde Färbung der gekräuselten Kronblätter, die feine Zeichnung in der Blütenmitte und ihr betörender Duft haben Dichter seit dem 15. Jahrhundert inspiriert. 'Bizarre Triomphant' heißt eine andere, ungewöhnlich große Rose mit strahlenden Blüten, deren Farbtöne von Scharlachrot über Purpur bis Kastanienbraun reichen – die ganze Farbenvielfalt des Sommers in einer einzigen Blütezeit.

Rosen kennen zwar keine Sommerpause, aber bei den zweimal jährlich blühenden Sorten ist häufig der September der Monat der Prachtentfaltung. Das gilt beispielsweise für die 'Souvenir de La Malmaison',

eine alte Rose in höchster Vollendung von sehr zartem Rosa und hellem Elfenbein. An einer nach Süden orientierten Mauer fühlt sie sich besonders wohl und öffnet, ein fruchtiges Aroma verströmend, ihre dichten Kronblätter. Auch die recht robuste Bourbon-Rose 'Madame Isaac Pereire' hat im September ihren großen Auftritt. In vollsonniger Lage als Schmuck einer Brustung oder eines Geländers bringt sie eine unglaubliche Menge imposanter, stark duftender, liebenswert zerzauster Blüten hervor, deren erstaunliche Vitalität sich selbst in dem üppigen Blattwerk widerspiegelt. Im Herbst färben sich die Blätter mancher Rosen golden oder rostrot, andere schmücken sich mit glänzenden Hagebutten. Wer Anfang des Winters von Nizza Richtung Cannes fährt, bekommt einen Eindruck davon, was Rot wirklich bedeutet: Die kräftigen Büsche der 'La Sevillana', die in dichten Reihen stehen, erstrahlen in leuchtendem Zinnoberrot, das ein wenig Wärme selbst in die kühlsten Tage bringt. Einige der modernen Züchtungen sind nämlich sehr widerstandsfähig gegen Abgase und verschmutzte Luft, eine Tatsache, die die Pariser Gärtner bestätigen: Man braucht sich nur anzusehen, wie prächtig die Rosen an den Uferstraßen der Seine gedeihen, um an die Durchsetzungsfreudigkeit der Natur glauben zu können.

Manche zähe Sorten trotzen sogar der Kälte und blühen noch an Weihnachten. Das erklärt auch den Namen der 'Fée des neiges', der Schneekönigin, deren makellos reine, rosa angehauchte Blüten sich bis in den Winter hinein zeigen. Ein wahres Wunder ist die zu jeder Jahreszeit schön anzusehende 'Blush Noisette': Nur strengen Frost vertragen die scheinbar so zarten, in Rispen zusammenstehenden Blüten nicht; die Knospen sind hell malvenfarben, die Blüten cremeweiß mit goldgelben Staubgefäßen und einem kräftigen Aroma von Gewürznelken. Und wenn in der kalten Zeit des Jahres der Raureif sein Spitzentuch über alle Sträucher ausgebreitet hat, leuchten nur noch die kleinen roten Hagebutten darunter hervor, von denen die Vögel so gerne naschen.

In dem Ausstellungsgarten von André Eve kann sich der Rosenliebhaber vor dem Kauf ansehen, wie einzelne Sorten an einem bestimmten Standort wirken (Seite 39). *Zu den vielen alten Rosen, die Eve züchtet, gehört auch die 'Long John Silver', eine Kletterrose mit erlesenem Duft und makellos weißen, gefüllten Blüten* (links). *Die 'Blush Noisette'* (ganz oben) *mit dem Aroma von Gewürznelken verdankt ihren Namen Louis Noisette, der zu Beginn des 19. Jhs. durch Kreuzungen zweimal jährlich blühende Kletterrosen, die nach ihm benannten Noisette-Rosen, züchtete. Die 'Iceberg', auch 'Fée des neiges' oder 'Schneewittchen' genannt, eine Züchtung des Deutschen Wilhelm Kordes, entfaltet ihr unberührtes Weiß in großen, eleganten, dicht zusammenstehenden Blüten* (oben).

Alte Rosen

Sie liebe Rosen über alles, sagte George Sand und bezeichnete sie als Töchter Gottes und des Menschen, als schöne Bauernmädchen, die wir zu Prinzessinnen gemacht haben. Alle Rosen sind aus Wildarten entstanden, und mit der Rückkehr zum naturbelassenen Garten sind auch die Wildrosen mit ihrem altmodischen Charme wieder mehr in den Vordergrund gerückt, so wie die berühmte *Rosa canina,* die Hundsrose, die so heißt, weil man früher glaubte, sie könne die Bisse tollwütiger Hunde heilen. Die Hundsrose hat einfache Blüten – fünf weiße oder rosarote Kronblätter und fünf Kelchblätter rings um gelbe Staubgefäße – und wächst als robuster Strauch an Waldrändern. Ihre zerknitterten Blätter riechen nach grünen Äpfeln, vergleichbar dem Duft der Hecken bildenden Weinrose. Die Bezeichnung »alte Rosen« ist sehr vage, denn sie umfasst in Wirklichkeit eine riesengroße Rosenfamilie mit tausenden Abarten und Züchtungen, zu deren direkten Vorfahren die *Rosa damascena* und die *Rosa centifolia* gehören. Bis auf wenige Ausnahmen sind die alten Rosen vor 1900 gezüchtet worden. Sie zeichnen sich aus durch prächtige, großblumige, duftende Blüten in erstaunlicher Formen- und Farbenvielfalt: Neben kelch- gibt es köpfchenförmige, rundliche wie bei den Pfingstrosen oder solche, deren Kronblätter sich mehrfach dachziegelartig überlappen, es gibt pomponförmige und Blüten, deren Kronblätter sich in Viertel teilen; neben rein weißen findet man tief rote und dazwischen alle Schattierungen von Rosa und Malve bis hin zu Purpur.

Zu den alten Stammarten der heutigen Gartenrosen gehört auch die bereits von den Griechen und Römern gezüchtete Essigrose (auch Provinsrose genannt) mit dem lateinischen Namen *Rosa gallica.* Ihre wunderschönen, stark duftenden, auf reizende Art zerdrückten Blüten nehmen kurz vor dem Verwelken eine eigenartig blasslila, fast bläuliche Färbung an. Die bereits im 16. Jahrhundert katalogisierte *Rosa gallica versicolor* mit ihren mehrfarbigen Kronblättern rings um goldgelbe Staubgefäße – sie

Halb gefüllte Rosen (ganz oben) bestechen durch die Schlichtheit von Heckenrosen und die raffinierte Färbung alter Rosen, deren Blüten rund und so dicht gefüllt sind, dass sie sich in Viertel teilen (oben). Die Kletterrose, hier die Sorte 'Pierre de Ronsard', schmückt selbst hohe Mauern und blüht bis zum ersten Frost (rechts).

wird auch *Rosa mundi* genannt, angeblich zu Ehren Rosamundes, der Geliebten des englischen Königs Heinrich II. – ist eine der bekanntesten. Aber auch andere »Prinzessinnen« heischen nach Bewunderung: die 'Belle de Crécy' etwa, deren Farbskala von leuchtendem Rot über Rosaviolett bis Lila reicht, je nachdem, wie weit sie ihre Blüten öffnet oder wie die Sonnenstrahlen auf sie treffen. Das violett getönte Karmesinrot der 'Tuscany' umschließt die leuchtend goldenen Staubgefäße wie ein samtiger, duftender Kragen.

Die schweren, üppig gerüschten Zentifolien waren ein so beliebtes Motiv bei den holländischen Malern, dass die berühmteste den Beinamen »Malerrose« erhielt. Die elegante 'Petite Lisette', deren opulente Blütenpracht in frischem Rosa erstrahlt, die einzigartige 'Juno', die schwer an ihren perlmuttfarbenen Blüten trägt, oder die 'Fantin-Latour', deren zartrosa Blüten fast so voluminös wie die einer Pfingstrose sind – sie alle sind erlesene Schmuckstücke, die einen würdigen Rahmen verdient haben.

Im Juni, wenn mit Beginn der warmen Jahreszeit sämtliche Rosen sich mit verführerischen Farben und fruchtigen Düften schmücken, bietet der Garten von André Eve zwischen Orléans und Fontainebleau einen atemberaubenden Anblick. Es kann einem schwindelig werden angesichts der Vielfalt der Farbtöne, die von Rosa und Rot über Lila bis zu Weiß in verschiedenen Nuancen reichen. Der vor allem für die vielen hundert alten Sorten, die er seit 18 Jahren züchtet, bekannte Rosenzüchter gibt jedes Jahr einen Katalog heraus, der von Mal zu Mal umfangreicher wird und bei Rosenfreunden heiß begehrt ist. Alte Rosen haben seiner Meinung nach den Vorteil, dass sie sich problemlos in jeden Garten einfügen und besonders gut mit Stauden harmonieren. Man müsse diese lediglich ein Jahr vor den Rosen pflanzen, dann hätte man viele Jahre Freude daran. Zu seinen Lieblingssorten gehören die 'Louis XIV', die den ganzen Sommer über Blüten von samtigem, fast schwarzem Granatrot treibt, und die 'Papillon', deren zusammengerollte Kronblätter in zartem Lachsrosa schimmern. Wie duftige Schmetterlinge sitzen ihre Blüten auf den Zweigen …

Rosen lassen sich hervorragend und in bezaubernder Farbenharmonie mit anderen Pflanzen kombinieren, wie in der Provence die weiße 'Iceberg' mit Lavendel oder Olivenbäumen, oder, wie bei André Eve, die 'Long John Silver' mit einer lila Klematis (links). Der englische Designer Terence Conran schrieb einmal, er könne sich nichts Herrlicheres vorstellen als einen Rundgang durch den Garten frühmorgens oder spätnachmittags, wenn die Rosen die ganze Skala ihrer Düfte entfalten. Im Garten von André Eve kann man sich davon überzeugen (oben).

*Die dänische Rosenbaumschule Poulsen
hat besonders widerstandsfähige und
robuste Sorten, Floribundarosen genannt,
gezüchtet, die sich dem skandinavischen
Klima anzupassen vermögen. Die hellrote
'Fredensborg', die förmlich strahlt vor Ge-
sundheit und Kraft, ist eine davon (oben).
Ein abwechslungsreich gestalteter Rosengarten entspricht dem Zeitgeschmack, der
das Natürliche bevorzugt. Hier wurden
Strauchrosen von Staudenpflanzen
umgeben, die durch Blüten- oder Laub-
färbung eine kontrastierende oder
betonende Wirkung haben (rechts).*

Moderne Rosen

Über die ursprünglich aus China stammende Teerose (sie wurde zusammen mit dem Tee nach Europa verschifft, daher der Name) und die Teehybriden, oft Kletterrosen oder Remontantrosen, sagt Eléonore Cruse von der Rosengärtnerei Berty in Largentière, sie hätten etwas ausgesprochen Elegantes. Und wirklich: Die Pflanze hat eine schöne, edle Wuchsform, und ihr Duft erinnert an aromatisierten Tee. Eine Zeit lang hat es heftige Querelen zwischen den Liebhabern der duftenden alten Sorten und den Anhängern der modernen, gegen Krankheiten sehr viel widerstandsfähigeren und blühfreudigen Züchtungen gegeben. Der Erfolg schien den Remontantrosen und anderen Teehybriden Recht zu geben, und die alten Rosen gerieten vorübergehend in Vergessenheit.

Aber Moden kommen und gehen. Das Blatt wendete sich, und plötzlich galten die neuen Sorten als zu steif, zu künstlich und zuweilen erwiesen sie sich als genauso krankheitsanfällig wie die alten, die daraufhin wieder gefragt waren. Dabei sei der ganze Streit völlig überflüssig, stellt Philippe Bonduel in einem Handbuch über Rosen fest, denn es gebe sowohl ausgezeichnete alte Remontantrosen wie auch neue duftende Sorten. Inzwischen hätten die Rosenzüchter dazugelernt und das Problem dank verbessertem Know-how gelöst, indem sie zunehmend Pflanzen mit den Merkmalen beider Arten züchten: duftende Blüten in alten Formen an robusten, biegsamen Büschen, resistent gegen Krankheiten und mit zwei ausgeprägten Blütezeiten pro Jahr. In England verfahren die Züchter schon seit längerem nach diesem Prinzip, einer der Ersten war David Austin. Die nach Constance Spry, einer in England sehr populären Floristin, die die Kunst des Blumenbindens revolutionierte, benannte Züchtung aus dem Jahr 1961 war seine erste Kreation: dicht gefüllte, großblumige, kelchförmige Blüten in feinem,

leuchtendem Rosa und mit einem betörenden Duft von Myrrhe. Er hatte die Kopie einer alten Rose geschaffen, die noch viel bezaubernder als die Vorbilder war! 'Heritage', ebenfalls ein Klassiker dieser Art, ist nach Austins eigener Einschätzung seine gelungenste Züchtung: eine perfekt modellierte Blüte in unwiderstehlichem hellen Lachsrot, die köstlich nach Blumen und Honig duftet.

Einhellig gelobt wird die prächtige 'Abraham Darby', deren große, ziemlich runde Blüten in Rosa, Gelb und Orange changieren und den Duft eines mediterranen Obstgartens zur schönsten Tageszeit, vermischt mit einer würzigen Note, verströmen. Rosenzüchter André Eve hat es besonders die 'The Prioress' angetan: Ihre perlmutterfarbenen Kronblätter bilden eine kelchförmige Blüte, die sich langsam öffnet und lange, goldene Staubgefäße freigibt. Er rät dazu, den Stock so zu schneiden, dass er in Nasenhöhe blüht, um ihren Duft richtig genießen zu können. Die englischen Botaniker, die seit dem 17. Jahrhundert Einflüsse aus dem Orient aufnahmen und verwerteten, sind unbestreitbar führend in der Rosenzucht. David Austin etwa setzt seit vierzig Jahren die Tradition der zu Beginn des 20. Jahrhunderts erfolgreichen Rosenzüchter, darunter Dickon oder Reverend Pemberton, fort. Mit einem feinen Gespür für modische Entwicklungen hat er die Rückkehr der schönen Rosen von einst vorhergesehen und sich einen Namen gemacht durch etwa hundert Züchtungen, die mit den alten Rosen nur noch den Namen gemein haben. Seinen Landsmann Peter Beales, der unter Kennern als einer der fähigsten Experten für alte Rosen gilt, darf man als Trendsetter in der Rosenzucht bezeichnen. Seine Kreationen zeichnen sich durch jene verschwenderische Üppigkeit oder dezente Anmut aus, die im Garten eine unvergleichliche Atmosphäre von Charme und Harmonie schaffen. Einen ausgezeichneten Ruf genießt auch die Familie Harkness, die sich seit mehreren Generationen der Rosenzucht widmet.

1961 gelang David Austin die Kreuzung einer alten mit einer modernen Rose. Sie war die Erste einer ganzen Reihe neuer, großblumiger Sorten, deren pfingstrosenähnliche Blüten einen starken, aparten Duft entfalten (links). Die 'Leander' (unten), deren dicht gefüllte, rosettenartige Blüten ein fruchtiges Aroma verströmen, ist ein gutes Beispiel für diese Züchtungserfolge. Nach einem bedeutenden englischen Rosenliebhaber der 1950er Jahre wurde die 'Graham Thomas' mit den schweren zitronengelben Blüten benannt (ganz unten), die Charles Austin ebenfalls Anfang der 1980er Jahre gezogen hatte.

Französische Rosenzüchter

*A*uch in Frankreich ist man von der klassischen Linie abgerückt und dazu übergegangen, Pflanzen zu züchten, die mit ihren weichen Formen, ihrem Duft und ihrer schillernden Farbenpracht Erinnerungen an die Gärten von einst wecken. Aus der Rosenbaumschule Meilland Richardier etwa stammen die 'Honoré de Balzac', deren bezaubernd romantische Blüte, cremeweiß mit einem Rand aus sehr hellem, karminrot angehauchtem Rosa, den subtilen Duft von reifen Pfirsichen verströmt, die 'Auguste Renoir', aus deren großblumigen, indischroten Blüten sich ein wahrer Duftschwall ergießt, oder auch die 'Toulouse-Lautrec' mit kräftig goldgelben Blüten an dicht und glänzend belaubten Trieben.

Es ist kein Zufall, dass Künstler des 19. Jahrhunderts, neben Schriftstellern vor allem Maler, als Namenspatrone für diese Züchtungen ausgewählt wurden, sind die »falschen« alten Rosen mit den unvergleichlichen Wohlgerüchen doch als Bindeglied zwischen Tradition und Moderne gedacht. So hat die Rosenbaumschule Delbard viele ihrer berühmten Rosen nach Malern benannt: die 'Claude Monet' in leuchtendem Weiß, Rot und Gelb, die 'Paul Cézanne' in warmen, leichten Tönen mit dem Duft von Zimt oder die 'Paul Gauguin' in Pfirsich-, Himbeer- oder Weinrot. Und so, wie eine in Tee getunkte Madeleine in Marcel Proust unweigerlich Erinnerungen an die Kindheit heraufbeschwor, so werde jeder, der den Duft der 'Souvenir de Marcel Proust' einatme, Bilder aus dem Garten seiner Kindheit vor sich sehen, versichert Henri Delbard. Morgens entfalte sich die würzige Note des Gemüsegartens, mittags das fruchtige Aroma der Obstbäume und abends der holzige Geruch von Sandelholz und Zedern.

Jean-Pierre Guillot, Rosenzüchter in der fünften Generation, hat mit seiner einer bedeutenden Modeschöpferin gewidmeten Züchtung auf die steigende Nachfrage nach alten Rosen reagiert: Die 'Sonia Rykiel'

gleicht einem eleganten Kelch mit zartrosa, bernsteinfarben geflammten, sanft zerdrückten Kronblättern. Zu
seiner neuesten Kreation, unaufdringlich duftend und
von der bezaubernden Anmut alter Rosen, inspirierte
ihn übrigens der berühmte Dirigent William Christie.
Guillot, Gründer des Ensemble des Arts Florissants, ist
auch Gärtner: In der Vendée hat er einen Gutshof aus
dem 17. Jahrhundert restauriert und einen Garten
angelegt, in dem ein Meer von Rosen wunderbar mit
großzügigen Lavendelpflanzungen harmoniert. Es ist
immer schon üblich gewesen, Rosen nach bekannten
Persönlichkeiten zu benennen. Der Rosenzüchter Truf-
faut ist einen eher ungewöhnlichen Weg gegangen, als
er den Modeschöpfer Christian Lacroix bat, selbst eine
neue Rosensorte zu kreieren: Changierender Musselin
und Dégradé-Spitzen, Flamenco und die *capa* des
Torero, ein Ton-in-Ton-Gemälde aus Goldgelb, Fuchsia
und Orange – so könnte man die Assoziationen, die die
neue, von Juni bis September blühende Rose weckt,
umschreiben. Und warum nicht eine 'Madame Figaro' –
eine sehr weibliche Rose, urteilt ihr Schöpfer Henri
Delbard, elegant und raffiniert, mütterlich und vor-
nehm – als Ergänzung zur 'Elle' (aus der Rosenbaumschule Meilland Richardier), die einfach hinreißend
aussieht in ihrem ständig sich wandelnden Kleid?

Wer Rosen liebt, sollte sich einfach ein Herz fassen.
Die beste Pflanzzeit ist sicherlich der Herbst, aber es
geht nichts über das Vergnügen, sich blühende Stöcke
auszusuchen. All die Farben und diese herrlichen
Düfte … Machen Sie einen Plan für Ihren privaten kleinen Rosengarten. Gehen Sie im Geiste die Wege ent-
lang, stellen Sie sich die ausgewählten Rosen am neuen
Standort vor. Überprüfen Sie Ihre Auswahl, berück-
sichtigen Sie auch so wichtige Details wie den Duft
oder das Laub. Die Rose ist ein immer währendes Fest
für unsere Sinne. Beugen Sie sich doch einmal über die
bis in den Spätherbst blühende 'Reine des Violettes',
deren himmlischer Duft nur noch übertroffen wird von
der purpurvioletten Färbung der Blüten inmitten
blassgrüner Blätter …

*Die überaus elegante und feine 'Grand Siècle'
von Delbard* (links oben). *Ihr typischer
Rosenduft wird von einer Himbeer- und Apfel-
note geprägt. Die 'Kronenbourg'* (links unten)
*wurde 1965 vorgestellt. Sie ist eine Kreation
des bedeutenden englischen Rosenzüchters
Mac Gredy. Die von Meilland Richardier
gezüchtete 'Charles de Gaulle' zeichnet sich
durch eine ungewöhnliche malvenfarbene
Schattierung aus* (unten) *und die 'Charles
Aznavour'* (ganz unten) *durch eine üppige,
lang andauernde Blüte.*

*Charakteristisch für die 1921 kreierte 'Ferdin-
and Pichard' (oben) sind die auffällige Färbung – sie ist karmesinrot und weiß gestreift –,
der für die alten Rosen typische Duft und die
kelchförmigen, gefüllten Blüten. Sie blüht bis in
den September hinein. Die Treppe eines Häus-
chens abseits des Pariser Großstadtgetümmels,
dazu Sonnenschein und ein prächtig blühender
Rosenbusch (rechts): Der beste Beweis dafür,
dass Rosen sogar mitten in der Stadt gedeihen
können – sehr zur Freude des Betrachters.
»Ich wollt' dir diesen Morgen Rosen bringen.
Zu viele waren's, die im Gürtel hingen, Und die
geschürzten Bänder hielten nicht. (...) Und
wiederum schlägt überm Kleid zusammen Ihr
Duft mir abends, den Erinn'rung flicht.«
Marceline Desbordes-Valmore*

Ein Kaleidoskop der Düfte

Was den Duft anbelangt, so kann sich keine andere Blume mit der Rose messen. Natürlich gibt es viele andere wohlriechende Blumen, doch sie haben nur eine einzige, unverwechselbare Duftnote: das Maiglöckchen etwa oder das Veilchen, der Jasmin oder der Flieder. Eine einzelne Rose dagegen kann über ein schier unbegrenztes Repertoire an Düften verfügen, sodass sie bald nach Früchten, bald nach Gewürzen riecht, nach Zitrone oder nach Vanille, nach Honig oder Reispuder, nach Anis oder Apfel, nach Moos oder Patschuli. Der Duft der Rose ist das Ergebnis eines komplexen chemischen Vorgangs und findet sich in seiner stärksten Konzentration an der Oberfläche der Kronblätter, das heißt, Rosen mit dicht gefüllten, halb geöffneten und farbenprächtigen Blüten haben im Allgemeinen auch den intensivsten Duft.

Ihr Aromenreichtum ist von verschiedenen Faktoren abhängig: der Witterung – Wind, Sonneneinstrahlung oder Luftfeuchtigkeit –, der Tageszeit oder auch dem Vorhandensein eines störenden Geruches wie zum Beispiel Tabak. Man muss sich Zeit nehmen, sich immer wieder über die Blüte beugen, um die in ihrer Intensität sich ständig verändernden Duftnoten in sich aufzunehmen. Untersuchungen haben ergeben, dass es fast zwölf Stunden dauert, bis sich der Duft einer Rose in allen Nuancen und Stärkegraden, von flüchtigen Kopf- über reiche Mittel- bis hin zu den letzten Basisnoten, vollständig entfaltet hat.

»Seit Jahrhunderten ruft uns dein Duft seine süßesten Namen herüber,« schwärmte Rainer Maria Rilke – es scheint, als sei es die Bestimmung der Rosen, eine universelle Sprache zu sprechen, nämlich die der Sinne, des Herzens und der Fantasie.

Rosensträuße

»Oh, wie viel schöner scheint die Schönheit doch,
Wenn Treue sie als süße Zierde hebt!
Die holde Rose dünkt uns holder noch,
Weil süßer Duft in ihrer Blüte lebt.

Die Heckenröschen mögen Farben zeigen
So leuchtend wie der Rosen würz'ge Pracht;
Gleich üppig schwellen sie an gleichen Zweigen,
hat Sommerhauch die Kelche weich gemacht.

Doch weil ihr Wert im bloßen Aussehn liegt,
So leben und welken ungepriesen –
Sie sterben ganz für sich. Die Rosen nicht,
Aus ihrem süßen Tod wird Süße fließen.
(...)«

William Shakespeare, Sonnett 54

Die 'Heritage' (rechts) ist eine Klassikerin aus der Familie der von David Austin gezüchteten Rosen. Ihre perfekt modellierte, köstlich nach Honig duftende Blüte hat alles, was man sich für ein romantisches Bukett wünscht.

Die 'Papa Meilland' (oben) ist ein wahres Schmuckstück, das eine würdige Inszenierung verdient. Sie besticht durch ihre volle Form, ihren einprägsamen Duft und den satten, samtigen, blauschwarz schimmernden Purpurton. Henri Moulié gehört zu den wenigen Pariser Floristen, deren Sortiment zu einem großen Teil aus eigenem Anbau stammt. Von den Treibhäusern in Seine-et-Marne wird die Ware in den Laden an der Place du Palais-Bourbon geliefert, so wie dieser wundervolle Strauß aus Gartenrosen (Seite 55): hinten die 'Pierre de Ronsard', vorne links die 'Heritage' und in der Mitte die hellgelbe 'Toulouse-Lautrec'.

Die natürliche Umgebung der Rose ist der Garten – sie gefällt als Beetbepflanzung oder Einfassung, als Mauerbegrünung oder Blickfang an einer Laube. Dennoch möchte man Rosen auch im Haus haben, um ihre Formen und Farben aus der Nähe bewundern und in ihrem Duft schwelgen zu können, und sei es nur für kurze Zeit.

Blumen, insbesondere Rosen, zu verschenken ist der gängigste Ausdruck des Wunsches zu gefallen. Ein paar Rosen, ein kleines Bukett vom Floristen, ein duftender Strauß aus dem Garten oder ein von einem Botenjungen geliefertes Gebinde sagen mehr als alle Worte – sie sind, und daran ändert auch ihre Vergänglichkeit nichts, Zeichen der Zuneigung oder der Höflichkeit, der Verehrung oder des Respekts, der Liebe oder der freudigen Anteilnahme.

Jemandem gefallen, ihn für sich einnehmen, ihm Bewunderung, Zuneigung oder Liebe bekunden zu wollen ist etwas ganz Natürliches. Und genauso natürlich ist es, sich selbst eine Freude zu bereiten und am Stand einer Blumenhändlerin nicht vorbeigehen zu können, ohne einen Strauß frischer Rosen mitzunehmen – oder vielleicht nur eine einzelne. Gabriel García Marquez gestand einmal, keine einzige Zeile schreiben zu können, wenn nicht eine gelbe Rose auf seinem Schreibtisch steht.

Von den Streublumen zum Blumenstrauß

Als die heilige Dorothea ihres Glaubens wegen gefoltert wurde, soll ihr ein Engel mit Rosen erschienen sein: Der Anblick der Blumen sollte ihr helfen, die Qualen besser zu ertragen. Die Legende berichtet auch, dass sie einen ihrer Folterknechte bekehrte, indem sie ihm mitten im Winter blühende Rosen aus dem Paradies sandte. In der Antike war es üblich, mit blüten- oder blätterbekränztem Haupt an einem Bankett oder einem Gefecht teilzunehmen, um den Göttern zu gefallen. Doch was den Göttern gefiel, gefiel bald auch den Menschen.

Zu allen Zeiten, sogar im alten Rom, galt die gepflückte Blume, insbesondere die Rose, als Zeichen von unerhörtem Luxus. Als Kleopatra Marcus Antonius zu Ehren ein Bankett gibt, sind die Marmorböden mit einem sechzig Zentimeter hohen Teppich aus Rosenblütenblättern bedeckt, die von Netzen unsichtbar zusammengehalten werden. Die Kreuzfahrer entdecken durch den Kontakt mit dem Islam nicht nur eine neue Lebensart, sondern auch die Blume, der die ganze Leidenschaft der Heiden gilt: die Rose. Es dauert nicht lange, bis sie bei den Kreuzrittern ebenso beliebt ist. Die Rose wird zur symbolträchtigsten und begehrtesten Blume des Mittelalters, zum obligaten Bestandteil profaner und religiöser Bräuche. Auch aus der Galanterie, aus der Mode, der Schönheitspflege ist sie bald nicht mehr wegzudenken und findet als schmückendes Beiwerk vielerlei Verwendung: bei der Herstellung von

Der holländische Florist Marcel Wolterinck, ein Meister kunstvoller Kontraste, hat üppige rote Rosen effektvoll in schlichten Zinnbechern in Szene gesetzt (unten). Die von Jean-Luc Blais für die Schauspielerin Claudia Cardinale entworfene Tischdekoration in Schattierungen von Dunkelgrün und kräftigem Rot (verwendet wurden kolumbianische Rosen der Sorte 'Pharaoh') in einem Rahmen aus Gold und Samt könnte aus einem Film von Visconti stammen (ganz unten). Der ungewöhnliche und sehr moderne orangerote Schokoladenton der 'Leonidas' eignet sich vorzüglich für Sträuße in warmen, anregenden Farben, wie sie derzeit sehr beliebt sind (folgende Doppelseite).

*Madame de Pompadour ließ sich gern von Rosen um-
geben porträtieren, wie auf diesem Gemälde von
François Boucher (1703–1770) aus dem Jahre 1756
(unten). Im 19. Jh. erfand man so raffinierte Accessoires
wie diesen Blumenhalter, der es ermöglichte, eine
Blume anmutig in der Hand zu halten (ganz unten). In
der Pariser Wohnung von Frédéric Chopin und George
Sand, die beide Rosen über alles liebten, halten Buketts,
große Sträuße und persönliche Gegenstände die Erinnerung an ihre leidenschaftliche Liebe wach (rechts).*

»Blumenhüten«, kranzähnlichen Gebilden, die man zu festlichen Anlässen trug, und Girlanden als Zierde von Fußboden oder Tafel.

Spezielle Gefäße, um die gepflückten oder geschnittenen Rosen darin ausgiebig bewundern zu können, gibt es allerdings noch nicht. Erst im Laufe des 17. Jahrhunderts entwickelt sich mit dem Konzept der Inneneinrichtung auch die Mode der Blumensträuße. Das Wort Strauß bezeichnet übrigens ursprünglich den Federbusch auf einem Helm. In seiner 1587 veröffentlichten Pflanzengeschichte, der *Historia generalis plantarum,* fühlt Jacques Daléchamps sich noch verpflichtet, diese Besonderheit zu erklären: »Man stellt ein ganzes Büschel Blumen in Krüge oder bemalte Tontöpfe und füllt diese mit Wasser.« Aus dem kleinen Blumenbündel wird in kürzester Zeit ein dekoratives Schmuckstück in den erstaunlichsten Formen und Farben, das vor allem die Rose in ihrer ganzen Pracht zur Geltung bringt. Madame de Pompadour mit ihrer Vorliebe für das ländlich Romantische führt fantasievolle florale Dekorationen im bukolischen Stil ein, bei denen die zarte Rose die Hauptrolle spielt. Und im Gefolge der »Pompadour-Rose« kommen die kleinen Ansteck-sträußchen in Mode, die die Damen an der Schulter, als Haarschmuck oder an einem Halsband tragen.

Durch die Rose gesagt

Cäsarine, in weißem Krepp, trug einen Rosenkranz im Haar und eine Rose an der Seite (…); so machte sie Popinot ganz toll.« Dieses Porträt aus Honoré de Balzacs *Cäsar Birotteaus Größe und Niedergang* ist bezeichnend für eine Epoche, in der ein junges Mädchen vom Leben, vor allem aber von der Liebe, lediglich die gefühlsbetonte, kitschig-süßliche, kodierte Version der Blumensprache kennt. Sie war in ganz Europa gebräuchlich und erfreute sich bald auch in Amerika größter Beliebtheit. Jeder Blume kam eine spezifische Bedeutung zu: Der Wermut etwa brachte

»Bitterkeit« zum Ausdruck, die Zinnie »Wankelmut«, die Begonie »Herzlichkeit« oder die Petunie »Hindernis«. Das Veilchen symbolisierte »Bescheidenheit« und das Maiglöckchen verhieß die »Rückkehr des Glücks«. So ließ sich eine geheime Botschaft übermitteln, die nur noch entschlüsselt werden musste. Keine Blume aber hat so viele Bedeutungsnuancen wie die Rose. Die Zentifolie bedeutet »Anmut«, die Moosrose »Wollust«, die weiße »unerfüllte Liebe« (für unberührte junge Mädchen und für die Braut am Hochzeitstag), die rote »brennende Liebe«, die rosarote »Liebesschwur«, die gelbe »Untreue«, das Dijonröschen »Freundlichkeit« und die Provinsrose »Vaterlandsliebe«. Aufgeblühte Rosen übermitteln die Nachricht »Rendezvous, Brief folgt«, verwelkte hingegen besagen: »Lieber sterben, als die Unschuld verlieren.«

Die oft als albern bewertete Blumensprache hat ihren Ursprung in den Serails der türkischen Sultane und ist im Orient unter dem Namen *Selam* bekannt. Es war die reiselustige, schreibfreudige Lady Montagu, die Anfang des 18. Jahrhunderts in einem Harem die Kommunikation mittels Blumen entdeckte und diese Mode durch ihre Briefe in Europa bekannt machte und verbreitete. Vorwurf oder Anschuldigung, Liebe, Freundschaft oder Leidenschaft – durch die Symbolik der Blumen ließ sich alles ausdrücken. Was ist davon übrig geblieben? Wer verwendet heute noch die Blumensprache? Unsere Großeltern dürften die Letzten gewesen sein, die in ihre Geheimnisse eingeweiht waren. Eine – von der unveränderten Symbolik roter Rosen einmal abgesehen – tote Sprache also? Keineswegs. Sie hat zum Beispiel in den Farben überlebt. Rot wird auch heute noch mit Liebe und Weiß mit Reinheit assoziiert. Und wenn der Florist, der Blumen heutzutage gern mit verschiedenen Gemüsesorten (Paprika, Kohl, Auberginen), mit Früchten, Getreide und Gewürzen kombiniert, ein paar rote Peperoni zwischen rote Rosen steckt, sollte man sich nicht wundern: Das heißt nichts anderes, als dass aus »leidenschaftlicher Liebe« »glühende Leidenschaft« geworden ist.

Eine zarte, cremige Perlmuttertönung, ein lieblicher, überwältigender Duft, eine Fülle leicht zerknautschter Kronblätter: Das alles macht den Zauber der 'Heritage' aus, einer von David Austin nach dem Vorbild der alten Rosen kreierten Züchtung, die vielleicht noch schöner als die echten alten Rosen ist (links). *Die opalisierende, mattrosa gerändelte 'Maya'* (unten), *eine neuere Züchtung, ist ein wunderbares Beispiel für die ganze Faszination, die man angesichts von Schönheit in Vollendung empfindet.*

Die Kunst der Floristik

Schließlich trat sie ein und wählte, nachdem sie die ‘Jacqueminot’-Rosen und die ‘Maréchal Niel’ begutachtet hatte, zwei perfekte Exemplare einer neuen Rosensorte in einem silbrigen Rosa und wartete, dass der Blumenverkäufer sie in Watte packte, um dann die langen Stiele zu einem weiteren Schutz in ihren Muff zu schieben.« Die Szene, die in einem Blumenladen am Broadway spielt, stammt aus Edith Whartons Novelle *New Year's Day*. In wenigen Worten ist alles über die Auswahl an Blumen, die Ansprüche der Kundin und die Sorgfalt des Verkäufers gesagt.

Die Vorstellung vom Blumenhandel als einer Kunstform stammt aus dem frühen 19. Jahrhundert. In Paris ist der würdigste Vertreter der neuen Kunst Jules Lachaume, der mit einer Abhandlung über die Kunst des Arrangierens natürlicher Blumen seinen Berufsstand revolutionierte. Noch heute ist das 1845 gegründete Geschäft in der Rue Royale mit seinem rosa Marmor, seinem Muschelwerk, seinen Springbrunnen und Putten die erste floristische Adresse in Europa.

Bereits in der zweiten Hälfte des 19. Jahrhunderts war ein Leben, ein Wohnsitz ohne Blumen unvorstellbar geworden. Auch nach dem Hochzeitstag, dem Höhepunkt im Leben jeder ehrbaren Frau, der ganz im Zeichen weißer Rosen und Orangenblüten stand, gab es immer wieder Anlässe für Blumenpräsente, und die meistüberreichte Blume war die Rose. Von Sarah Bernhardt, die es liebte, mit Rosen überschüttet zu werden, gibt es die hübsche Anekdote, sie sei von südfranzösischen Rosenzüchtern bestochen worden, damit sie den Aberglauben verbreite, Nelken im Theater brächten Unglück.

Von 1860 an verkehren die so genannten »Rosenzüge« auf der Strecke Bastille – Vincennes, die die Blumen aus dem Pariser Umland, insbesondere aus Brie-Comte-Robert, pünktlich in die Markthallen bringen. Einige Jahre später werden in New York in riesigen Treibhäu-

Charme, Frische, Natürlichkeit und Farbenreichtum zeichnen die Kreationen im Blumengeschäft Comme à la Campagne aus, das im Pariser Stadtteil Marais liegt. Das Arrangement von Rosen der Sorte ‘Show Ballet’ in kleinen, in Reisig gebetteten Körbchen (oben) strahlt einen rustikalen Charme aus. Die Blütenkaskaden im Pariser Blumenladen Baptiste (rechts) präsentieren sich in voller Farbenpracht.

Duftende Gartenrosen in leuchtenden Farbtönen machen aus jedem Strauß ein kleines Meisterwerk. Auch wenn sie mit anderen Blumen oder Gewächsen kombiniert werden, bleiben sie doch unbestritten die Königinnen (unten: das edle Rosa der 'Caprice de Meilland', das kräftige, frische Pink der 'Yves Piaget', das zarte Rosa der 'Pierre de Ronsard' und das geheimnisvolle blaustichige Mauve der 'Charles de Gaulle'). Rendezvous von Kunst und Natur (rechts): die 'Yves Piaget' in intensivem Pink und die bernsteingelbe 'Paul Ricard', deren würziger Duft an Anis erinnert, vor einem Gemälde von Claire Basler.

sern hunderttausende Rosen »produziert«: Die Rose ist eine Massenware geworden wie jede andere. Vorbei ist die Zeit, da man beim Anblick eines Rosenstraußes im Januar ganz aus dem Häuschen geriet.

Gewisse Ansprüche an das Rosenbukett hat man dagegen schon: Vor allem natürlich soll es wirken. Heute gehören die Blumenmärkte mit ihrer schillernden Farbenpracht und ihren überbordenden Ständen zu den beliebtesten und reizvollsten Märkten überhaupt.

In den Pariser Halles de Baltard oder im Londoner Covent Garden ist das Angebot überwältigend. Der Welt größter Rosenproduzent ist heute Ecuador, von dort wird die Ware nach Europa geliefert, wenn es bei uns Winter wird und die einheimischen Sorten seltener und teurer werden. Das Klima in den Anden ist ideal zur Rosenzucht, die Pflanzen setzen große, feste Knospen an, die sich ausgezeichnet halten. Auch in Tansania, Sambia und Kenia setzt die Rose ihren Siegeszug fort. Das hat dem weltweit hervorragenden Ruf der Rosen aus der Pariser Region dennoch keinen Abbruch getan, und in den Treibhäusern wird ständig daran gearbeitet, Neuheiten zu kreieren, Blumen, die den kreativen Floristen in Begeisterung versetzen. Unter hohen Glaskuppeln streben die Rosen dem Licht entgegen, langstielig und kerzengerade. Sie werden geschnitten, sobald sich die Kronblätter in einem ersten Anflug von Farbe zeigen. Es ist noch nicht lange her, da hat man sie sehr viel früher geerntet, damit sie mit fest geschlossenen Knospen in den Handel kamen. Heute würde niemand mehr solche Rosen kaufen. Natürlichkeit ist gefragt: Der Strauß soll aussehen, als hätte man ihn selbst im Garten gepflückt.

Rosen – ganz groß in Mode

Nach der Nouvelle Cuisine, der »neuen Küche«, haben Werbung und Medien auch die »neuen Floristen« entdeckt. Zwar wird der Beruf heute überwiegend von Männern ausgeübt, doch war es eine Frau, die ihn entscheidend geprägt hat. Ohne Constance Spry,

einer im England der 1930er Jahre hoch angesehenen Floristin, wäre die Kunst des Blumenbindens heute nicht das, was sie ist. Ihr Name dürfte vor allem Liebhabern alter Rosen ein Begriff sein: David Austin hat 1961 seine erste Züchtung nach ihr benannt. Seit Anfang der 1990er Jahre liegen Rosen voll im Trend. Die Züchtung neuer »alter« Sorten in vielen Farbvarianten und Formen löste eine solche Welle der Begeisterung aus, dass die Nachfrage enorm stieg und die Rose heute die meistverkaufte Schnittblume der Welt ist.

Als Folge davon wurden Blumenläden eröffnet, die ausschließlich Rosen anbieten – ein Unikum in der Geschichte der Floristik. 1991 wurde in Paris der erste Laden der Kette Au Nom de la Rose in der Rue de Tournon gegründet (heute gibt es sieben Filialen in Paris und vier in anderen französischen Städten), dessen Motto unmissverständlich lautet: Rosen, nichts als Rosen und noch mehr Rosen. Eine im November 1999 durchgeführte Umfrage ergab, dass die Rose die Lieblingsblume der Franzosen ist (82 Prozent) vor Tulpe, Nelke, Lilie, Iris, Freesie und Chrysantheme. Die neuen Stars aus dem Hause Meilland Richardier – Rosen in verschiedenen Schattierungen von Weiß, Rot, Creme, Rosa, Gelb, Puderrosa und sogar Blau und Lavendel –, ‘Folies’ genannt, sind ein Mittelding zwischen Gartenrose und Schnittblume: Sie tragen an jedem Stiel drei bis zehn Blüten wie die Rosenstöcke im Garten.

Alle seien verrückt nach Rosen, wenn das so weitergehe, würde man sie bald noch essen, meint die Amerikanerin Marlo Phillips, die als eine der ersten Floristinnen in den USA kugelförmige Rosenarrangements entwarf. Im New Yorker Laden Rosa Rosa werden pro Woche über dreitausend Sträuße zu je einem Dutzend Rosen verkauft, und Roses Only, ebenfalls in New York, führt ausschließlich voll erblühte Rosen aus Ecuador, denn so mag man sie eben am liebsten: in voller Prachtentfaltung.

Die Floristen von Au Nom de la Rose haben es sich zum Ziel gesetzt, Rosenfreunde durch erstklassige Qualität und hohe Ansprüche zu überzeugen. Die angebotenen Gartenrosen, duftende, erlesene Sorten, stammen aus Gard, wo sechzigtausend Rosenstöcke eigens als Schnittblumenlieferanten angepflanzt wurden. Sie bieten den Charme alter Rosen, seltene Farben und betörende Düfte, so wie diese prachtvolle Symphonie von Rot- und Rosatönen (links). Das schlichte dunkle Holz und die patinierten Zinkgefäße bringen die lebendige Schönheit der berühmten ‘Yves Piaget’ erst richtig zur Geltung (oben). Sie hat achtzig gezähnte Kronblätter wie eine Pfingstrose.

Mit den so genannten »Malerrosen« schuf Guy Delbard eine Farbpalette, die an impressionistische Werke erinnert. Zu diesen im führenden Fachhandel angebotenen Sorten gehört auch die strahlende 'Henri Matisse' (oben): Die Rose färbt sich je nach Laune Weiß, Rosa oder Rot – keine gleicht der anderen. Die Mini-Rose 'Serena' wird mit Stängel nicht größer als sechs Zentimeter (rechts). Die reizvolle Miniaturausgabe wurde hier humorvoll auf einem kleinen Puppenstuhl in Szene gesetzt.

Die Kunst des Blumenbindens

Es gab einmal eine Zeit, da war die Form des Straußes wichtiger als seine Farbe. Es wurde lediglich darauf geachtet, dass die Farben Ton in Ton miteinander harmonierten. Heute ist es genau umgekehrt. Man schwelgt geradezu in Farben, man experimentiert mit kontrastierenden, frischen, anregenden Tönen und liebt Kuriositäten wie die ungewöhnlichen grünen Rosen. Niemand schreckt mehr vor verwegenen, grellen Farbkombinationen zurück, weder bei Blumen noch bei den Gefäßen. Die Rosen haben von der neuen Entwicklung profitiert: Sie werden nicht mehr automatisch mit der Farbe Rot oder einem einfarbig gehaltenen Strauß assoziiert, sondern man bevorzugt die Kombination verschiedener Farbtöne. Die alten floristischen Grundsätze für das Arrangieren von Blumen gelten heute nur noch eingeschränkt: Spontaneität und Fantasie sind gefragt; alles ist erlaubt, alles ist machbar, und gerade Rosen eignen sich hervorragend für eine individuelle, vom Gefühl geleitete Neuinterpretation herkömmlicher floraler Konzepte.

Alle Stilrichtungen, rustikal oder *trendy,* puristisch oder vermischt, in erkennbarer oder unbestimmter Struktur, bestehen nebeneinander, ob es sich nun um eine einzelne Rose oder ein prachtvolles Arrangement handelt, einen bescheidenen Strauß oder eine kreative florale Inszenierung. Schon von einer einzelnen Rose in einem Kristallglas geht ein ungeheurer Zauber aus. Gartenrosen und wilde Heckenrosen eignen sich genauso für einen Strauß wie die edlen Gewächse, die der Florist anbietet, auch wenn traditionellerweise die einblütigen Teehybriden als die schönsten Schnittrosen und deshalb als die zum Binden idealen Sorten gelten.

Besonders schöne Sträuße, individuell der jeweiligen Stimmung und Umgebung angepasst, lassen sich mit duftenden Rosen gestalten. In einer hohen Kristallvase zum Beispiel verkörpern geradegewachsene Rosen in Weiß und Gelb klassische Schlichtheit in vollendeter Eleganz. Alte Rosen in den Schattierungen der Edelwicke – leicht verblichenes Mauve, mattes Rosa und sehr weiches Orange – in

einem Craquelé-Keramikkrug vor einer Spitzengardine stellen ein nostalgisches Stillleben dar. Reizend anzusehen sind auch lavendelfarbene und leuchtend rote Rosen, die von bunten Bändern zusammengehalten werden, und kleine Dijonröschen, die in einer blassgrünen Schale schwimmen, haben etwas herrlich Frisches. Genießen Sie den Anblick der leuchtenden 'Aloha', die den duftenden Samt ihrer Blüte in einem Glaskelch entfaltet, oder geben Sie eine Hand voll purpurroter Rosenblütenblätter in eine Steinschale und atmen den altmodischen Duft ein, der die Essenz der Rose selbst ist.

Rosen im Handel

In den großen Rosentreibereien sind im Laufe der Jahre im Hinblick auf Haltbarkeit, Stiellänge und Stachelgröße spezielle Schnittblumensorten gezüchtet worden. In der Vase halten sich Rosen heute sehr viel länger als früher, nämlich bis zu zwei Wochen. Damit man möglichst lange Freude an ihnen hat, sollte man – besonders im Sommer – darauf achten, nur solche Pflanzen zu kaufen, bei denen die Knospen gerade aufgehen (die ersten Kronblätter beginnen sich zu lösen). Rosen mit fest geschlossenen Knospen sollte man nicht nehmen: Sie können verwelken, ohne sich je geöffnet zu haben.

Eines der Hauptkriterien bei der Auswahl ist freilich die Farbe, wobei die Mode eine große Rolle spielt, nicht anders als bei der Bekleidung, der Einrichtung oder in der Kochkunst. Die 'Maya' beispielsweise, perlmutterfarben mit rosa Rand, dürfte, obwohl derzeit schon sehr gefragt, noch eine große Zukunft vor sich haben, genauso wie die 'White Success', die ihren Namen zu Recht trägt. Ein großer Erfolg ist auch die bekannte 'Léonidas' mit ihrem orangeroten Schokoladenton, der bei der Markteinführung ein so großes Aufsehen erregte, dass er inzwischen überall in der Literatur angeführt wird. Beliebt ist auch die violett umrandete 'Nicole' oder die kleine 'Tango', die sich seit ihrer Kreation 1927 unverändert großer Nachfrage erfreut. Die auch unter dem Namen

Die Floristen von Au Nom de la Rose verwenden die 'Madame A. Meilland', die wohl bekannteste Rosensorte, für klassische Buketts (links). Christian Tortu hat die 'Toulouse-Lautrec' und die 'Pilgrim' zu einem heiteren Strauß gebunden (unten), während für ein anderes Arrangement Rosen in vier verschiedenen Farbschattierungen zu einem Kranz verarbeitet wurden (ganz unten).

*Die 'Marie Curie' (oben und rechts) in hellem
Orange mit blassrosa Rand schmückt das
Schaufenster von Comme une Fleur; hinter dem
Arrangement kann man den Text des Gedichtes
De la rose von Clément Marot lesen.*

*Marot, ein französischer Dichter, der von 1496
bis 1544 lebte und Poet am Hofe Franz I. war,
wurde mehrmals der Ketzerei bezichtigt, verfolgt
und zu einer Gefängnisstrafe verurteilt. Beeinflusst vom Roman de la Rose, aber auch von
der Dichtung François Villons pflegte Marot
die alten Formen französischer Dichtkunst,
orientierte sich aber auch an italienischen
Vorbildern. Im 16. Jh. war er sehr erfolgreich,
seine Werke wurden in zahlreiche Sprachen,
unter anderem auch ins Deutsche, übertragen.*

'Gruß an Coburg' bekannte Rose mit langer Blütezeit bringt volle, stark duftende Blüten hervor, die oberseitig kupferig orange und unterseitig rosa gefärbt sind. Unverwüstliche und über jede Mode erhabene Klassiker sind die ihres erlesenen Duftes wegen geschätzten 'Papa Meilland' und 'Pierre de Ronsard'. Die 'La Noblesse' dagegen mit ihrem faden Rosa will heute niemand mehr haben, genauso wenig wie die 'Mascara' oder die 'Pavarotti'.

Warme, leuchtende Töne werden heutzutage bevorzugt. Seit einigen Jahren sind Gelb und Orange bei Rosen sehr populär, auch wenn Rot nach wie vor am gefragtesten ist. Die Japaner hingegen sind ganz versessen auf schwarze Rosen: ein kostspieliges Vergnügen, das in Europa äußerst selten ist, weil die gesamte Produktion nach Japan exportiert wird; und wer bei uns dennoch ein Exemplar entdeckt, muss dafür tief in die Tasche greifen. Hellgelb war in den 1950er Jahren die Modefarbe bei Rosen; fünfzig Jahre später ist es Malve in allen Schattierungen, die, miteinander kombiniert, einen aufregenden Glanz annehmen.

Zu den Aufgaben der Rosenzüchter gehört es, Ersatz für jene Pflanzen zu finden, die in der Gunst der Floristen und der Käufer gesunken sind. Zurzeit gibt es an die 570 Rosensorten im Handel, und jährlich kommen etwa 30 bis 40 neue Varianten hinzu. Vier oder fünf Jahre lang werden die Versuchszüchtungen in den Gewächshäusern getestet, bevor sie vermarktet werden. Die Rosenzucht ist eine aufwändige Angelegenheit: Von der Auswahl der Mutterpflanzen über Befruchtung, Ernte, Aussaat bis hin zum Warten auf das erste Erblühen der fertigen Hybriden können zehn Jahre vergehen.

Rosensträuße aus dem Garten

Wer einen Garten sein Eigen nennt und selbst Rosen ziehen kann, darf sich glücklich schätzen. Gibt es etwas Schöneres, als Blumen aus dem eigenen Garten zu einem Strauß zusammenzustellen? Rosenzüchter André Eve empfiehlt demjenigen, der seine Rosen selbst schnei-

La belle rose, à Vénus consacrée,
L'œil et le sens de grand plaisir pourvoit ;
Si vous dirai, dame qui tant m'agrée,
Raison pourquoi de rouges on en voit.
Un jour Vénus son Adonis suivait
Parmi jardin plein d'épines et branches,
Les pieds sont nus et les deux bras sans manch
Dont d'un rosier l'épine lui méfait ;
Or étaient lors toutes les roses blanches,
Mais de son sang de vermeilles en fait.
De cette rose ai je fait mon profit
Vous étrennant, car plus qu'à autre chose,
Votre visage en douceur tout confit,
Semble à la fraîche et vermeillette rose.

DE LA ROSE, CLEMENT MAROT

den möchte, einen Rosenstock eigens zu diesem Zweck separat zu pflanzen: Auf diese Weise kann man regelmäßig blühende Triebe abzwicken, ohne dass der dekorative Gesamteindruck eines Beetes beeinträchtigt wird. Wichtig ist, eine robuste Sorte mit kräftigen Stielen und haltbaren, gefüllten Blüten auszuwählen, vielleicht eine, die im Herbst Früchte trägt: Hagebutten sind nämlich ein attraktiver Schmuck in herbstlichen oder winterlichen Arrangements. Rosen sollten frühmorgens geschnitten werden, rät der Fachmann, und zwar vorzugsweise, wenn die Knospen leicht geöffnet sind, und dann bis zur weiteren Verwendung an einem kühlen Ort in Wasser gestellt werden.

Nun kommt das eigentliche Vergnügen: den Strauß zu binden. Ob man dabei seine kreative Ader ausleben oder einfach nur ein dekoratives Element gestalten möchte, es stellt sich ein Gefühl von Freude über die Schönheit der Blumen ein, das man einfach teilen möchte. Stellen Sie sich Rosenblüten so zart wie Musselin in einem schlichten Krug auf einer Fensterbank vor, dahinter der Garten: ein stimmungsvolles Bild wie von einem impressionistischen Maler. Für einen stimmungsvollen Abend bei Kerzenschein verteilen Sie kleine Gläser mit samtigen Rosen auf dem Tisch, und die Augen Ihrer Gäste werden aufleuchten. Sie haben nur ein paar prächtige cremeweiße, karmesinrot angehauchte Blüten zur Hand? Schneiden Sie die Stiele ab und arrangieren Sie die Blüten in einer flachen Schale, die Sie in die Mitte der Tafel stellen. Die Farben werden Sie lange erfreuen, und der Duft wird das ganze Haus erfüllen.

Lassen Sie nicht nur bei der Zusammenstellung des Straußes, sondern auch bei der Wahl des Gefäßes Ihrer Fantasie freien Lauf. Nehmen Sie zum Beispiel eine alte Terrine oder einen bemalten Blumenkasten, stellen drei oder vier Marmeladengläser voll Wasser hinein und füllen sie nach Lust und Laune mit Blumen.

Rosen sind das ganze Jahr über erhältlich. Im Garten beginnt die Blütezeit im Mai und dauert bis zum ersten Frost, und im Winter sorgt der Handel für frische Blumen. Variieren Sie die Farbpalette je nach Jahreszeit. Wählen

»Pflanzen gehen ein, sagt der Gärtner, aber Rosen sterben.« Wie wunderschöne Bauernmädchen, die sich wegen ihrer Fülle ein bisschen genieren, scheinen die 'Pierre de Ronsard' (links) hoch erfreut über dieses Kompliment des Schriftstellers Julien Green. Wenn eine Rose ihren Namen zu Recht trägt, dann ist es sicherlich die nach dem französischen Dichter benannte 'Pierre de Ronsard' (unten).

Ein romantischer Strauß beschwört Bilder von üppigen Gärten und Sommerhäusern herauf, wo ein buntes Allerlei von Rosen sich besonders dekorativ in alten Porzellangefäßen macht.

Die perfekte Harmonie von besticktem Tischtuch und Rosen hebt die Grenze zwischen Kunst und Natur auf (unten). *Das leuchtende Goldgelb der 'Toulouse-Lautrec'* (ganz unten), *die den ganzen Charme einer alten Rose ausstrahlt, kontrastiert mit ihrem dichten, glänzenden Blattwerk. Aus Ecuador stammen diese besonders haltbaren Rosen mit den dicken Knospen* (rechts), *die unter Kennern als die schönsten der Welt gelten.*

Sie Rosatöne und frisches Grün im Frühjahr, indem Sie Rosen mit Freesien ergänzen; zum Sommer passt warmes, leuchtendes Orange und die gefüllte, fruchtig duftende 'Leander', eine robuste, reizvolle englische Sorte von ansteckender Vitalität, die sich mit Tagetes kombinieren lässt; Rottöne, zum Beispiel Burgunder und Granat, sind die Farben des Herbstes und machen sich hübsch mit ein paar Büscheln altrosa Glockenheide; sehr helles Rosa und Schneeweiß im Winter wirken noch eleganter, wenn sie mit einigen Ranken von panaschiertem Efeu abgerundet werden.

Wer von Rosen nicht genug bekommen kann, findet sicherlich auch Gefallen an den »Rosenkistchen«, kleinen, würfelförmigen Blechbehältern. Man entfernt die Blätter von den Rosenstielen, kürzt diese exakt auf die Höhe der Gefäße und stellt so viele Rosen hinein, dass sie einen kompakten Tuff bilden. Dann ordnet man die Kistchen nach Belieben an. Einzelne Blüten, gleichgültig, ob rosa, gelb oder rot, wirken äußerst reizvoll, wenn man einen transparenten Glaskelch der gleichen Farbe mit Wasser füllt und sie darin treiben lässt.

Unvergängliche Rosen

Der Wunsch, Blumen über ihre natürliche Lebenszeit hinaus aufzubewahren, hat die Menschen seit der Antike nach Möglichkeiten der Konservierung suchen lassen. Die einfachste und heute noch gebräuchlichste Methode ist, einen Strauß Rosen mit den Blüten nach unten an einem geschützten, trockenen, warmen und dunklen Ort aufzuhängen. In England gab es im Elisabethanischen Zeitalter noch ein anderes, gern praktiziertes Verfahren: Man bedeckte die Rosen mit feinem, sauberem Sand, der konstant warm gehalten wurde, bis den Blumen vollständig das Wasser entzogen war. Heute verwendet man statt Sand poröses Kieselgel. Im 19. Jahrhundert, als die Wohnräume mit offenen Kaminen beheizt wurden, hielten sich frische Blumen nicht sehr lange. Man behalf sich mit Trockenblumensträußen, die man mit einer Glasglocke

Rosen lassen sich ganz leicht trocknen (oben).
*Wenn sie vollständig trocken sind, können sie
vorsichtig weiterverarbeitet werden. Blaue Rosen*
(rechts) *gibt es in der Natur nicht, und der
Traum von einer solchen Züchtung muss zum
Leidwesen vieler Rosenzüchter ein Traum bleiben.
Aus einem einfachen Grund: Im Gegensatz zum
Rittersporn, zur Klematis oder anderen Blumen
kann die Rose keine blauen Farbpigmente produ-
zieren. Dank eines relativ simplen Verfahrens, bei
dem sich die Rose mit einer gefärbten Substanz
voll saugt, erhält man jedoch frische Rosen in
einem außergewöhnlichen Blauton.*

vor Staub schützte. Heutzutage werden natürlichere,
zwanglosere Arrangements bevorzugt.

Wie frische Blumen sind auch Trockenblumen dem
Wandel der Mode unterworfen. Seit der Trend wieder hin
zu Rosen geht, sind sie auch als Trockenblumen beliebt
und bringen Abwechslung in die ewig gleichen Sträuße
aus Immortellen und Meerflieder. Getrocknete Rosen in
verblichenen Farbnuancen lassen sich zu anmutigen
Buketts, Kränzen oder Miniatursträuchern binden, zu
Duftpotpourris oder Duftsäckchen verarbeiten.

Einen Strauß durch Aufhängen zu trocknen ist eine
billige und effektive Methode, die ein bis zwei Wochen
Zeit braucht, und vor allem für Rosen geeignet ist, deren
Knospen im Begriff sind aufzugehen. Die Sträuße nicht zu
fest binden, damit die Luft zwischen den Stängeln zirku-
lieren kann. Wählen Sie einen warmen, trockenen, dunklen, aber gut belüfteten Ort aus. Nach dem Trocknen muss
man sehr behutsam mit den Blumen umgehen. In der
Mikrowelle lassen sich ebenfalls ausgezeichnete Ergeb-
nisse, noch dazu im Handumdrehen, erzielen. Das Verfahren kommt besonders für kurzstielige Rosen in Betracht.
Legen Sie diese auf den mit Pergamentpapier bedeckten
Drehteller und stellen Sie die niedrigste Temperatur ein.
Prüfen Sie das Ergebnis nach einer Minute und setzen Sie
die Prozedur bei Bedarf fort, kontrollieren Sie die Blumen
aber alle zwanzig Sekunden.

Das Haltbarmachen mit Silicagel (porösem Kieselgel) ist
eine etwas kompliziertere und aufwändigere Methode,
die sich aber hervorragend eignet für voll erblühte Rosen,
deren Farben gut konserviert werden. Bedecken Sie den
Boden einer Wanne etwa zwei Zentimeter hoch mit dem
Gel, stecken Sie die Rosen in ausreichendem Abstand
hinein (die Stiele vorher bis auf wenige Zentimeter kürzen)
und füllen Sie die Wanne dann vorsichtig mit Silicagel auf,
bis die Blumen vollständig bedeckt sind. Decken Sie die
Wanne ab und lassen Sie sie bei Zimmertemperatur fünf bis
zehn Tage stehen. Ziehen Sie die Rosen behutsam heraus
und säubern Sie sie mit einem Pinsel, bevor Sie die Stängel
mit Blumendraht umwickeln. Nach ein paar Tagen können
die Rosen mit Sprühlack zusätzlich geschützt werden.

Aus Rosenblütenblättern lassen sich ganze Gemälde komponieren. Die Künstlerin Sofie Debiève fertigt in ihrem Atelier in La Rochelle Bilder aus getrockneten Rosenblütenblättern, die unglaublich fein, atmosphärisch dicht und wirklichkeitsgetreu sind. Getrocknete Rosen sind unempfindlich gegenüber den Spuren der Zeit. Die haltbar gemachte Rose, die bis in alle Ewigkeit frisch bleibt – und genau darin liegt der Unterschied –, kommt einem schon wie Zauberei vor. Das Prinzip ist einfach: Der pflanzeneigene Saft wird durch eine gefärbte, künstliche Lösung ersetzt, die gewissermaßen die Rolle des Lebenselixiers übernimmt. Die frisch geschnittenen Rosen werden in diese Flüssigkeit getaucht und saugen sich voll. Die dank des Zaubersaftes in ewiger Frische konservierten Rosen präsentieren dann jahrelang die ganze Pracht ihrer samtig weichen Blüten.

Die blauen Rosen, die Rose-Marie Schulz in ihrem reizenden Laden in der Pariser Galerie de la Madeleine führt, sind mit Glyzerin haltbar gemacht und mit einer speziellen Lösung eingefärbt worden.

Eine erstaunliche Erfindung
ermöglicht es, Rosen, allerdings nur solche, die ganz
frisch geschnitten sind, haltbar zu machen. Bei Floristen
und Dekorateuren sind diese
Blüten gleichermaßen beliebt.
Das Verfahren ist einfach: Der
natürliche Pflanzensaft wird
durch einen künstlichen
ersetzt, mit dem sich die Rose
unmittelbar nach dem Schnitt
voll saugt. Die präparierten
Blüten werden gerne für
kunstvolle kubische oder kreis-
förmige Figuren verwendet,
aber auch in Zink- oder
Blechgefäßen arrangiert.

Rosenillusionen

»Nicht weit vom Eingang
stand ein hohes Rosenbäumchen,
das weiße Rosen trug,
doch waren drei Gärtner damit beschäftigt,
sie eifrig mit roter Farbe anzumalen.
Alice kam das sehr merkwürdig vor,
und als sie näher hinzutrat,
um ihnen zuzuschauen ... «

Lewis Carroll, Alice im Wunderland

Florence Maeght bietet in
ihrem Dekorationsgeschäft
eine erstaunliche Fülle von
Stoffen, Tapeten und Tapisse-
rien an (rechts). Ebenfalls in
Paris hat sich Michèle Ara-
gon auf provenzalische Stoffe
spezialisiert und führt Repro-
duktionen geblümter Baum-
wollgewebe aus dem 18. Jh.,
die vorgewaschen wurden,
damit die Farben nicht aus-
laufen (ganz rechts).

*Die Kissenhüllen von Florence Maeght (oben)
sind Reproduktionen provenzalischer Druckstoffe
mit verschiedenen Rosen- und Streifendessins.
Hier steht die Innendekoration ganz im Zeichen der
Rose (rechts): Eine Leuchte aus Kristallglas und
geschmiedetem Eisen wirft ihr sanftes Licht auf das
Dekor von Streifen, Buketts und Girlanden. Bett und
Lehnstuhl laden zum gemütlichen Verweilen ein.*

Die Rose ist seit jeher Lieblingsmotiv von Künstlern und Handwerkern gewesen. Im Altertum zierte sie persische Teppiche und indische Miniaturen, Mosaiken und Wandbehänge, später dient sie als Motiv auf bedruckten Stoffen und Tapeten, für Spitzen und Stickereien, Gebrauchskeramik und kostbares Porzellan, ja sogar auf Briefmarken. Sie ist schmückendes Accessoire der Mode und der Haute Couture, sei es aus Porzellan oder Papier, aus Seide oder Glas. Kein Künstler, der nicht das Bedürfnis verspürte, sie unsterblich zu machen, als naives oder stilisiertes, realistisches oder abstraktes Abbild, als Streumuster, Fries oder Bukett. Sogar die Natur leistet ihren Beitrag zu dieser floralen Illusion: Gemeint sind die so genannten Sandrosen, die durch Kristallisation von Gipskörnern im Wüstensand entstehen.

Kunstblumen

Auf Rosen gebettet sein« lautet eine bekannte Redewendung, die sofort Assoziationen von Schönheit, samtiger Weichheit, Farbe und Sinnlichkeit auslöst. Seit der Antike hat der Mensch ein besonderes Verhältnis zur Rose, und sie spielt in so vielen Bereichen eine maßgebliche Rolle, in der Literatur ebenso wie in der Malerei, im Kunsthandwerk wie in der Mode. Bei Prozessionen trugen die Mädchen einst Rosenhüte, und wenn an Festtagen Blumen gestreut wurden, waren es meist Rosen.

Florale Dekorationen kamen aber erst in der romantisch-idyllischen Atmosphäre, die im Frankreich Ludwigs XV. herrschte, in Mode. Entscheidenden Anteil daran hatte des Königs Mätresse, Madame de Pompadour, die sich selbst »Schäferin von Arkadien« nannte. Alles wurde mit Blumendekors geschmückt: Tischwäsche und Geschirr, Möbel und andere Einrichtungsgegenstände, ja sogar die Kleidung. Nelken und Pfingstrosen, Lilien und Iris, vor allem aber Rosen waren die bevorzugten Motive.

Betrachten wir das Porträt, das François Boucher 1756 von der Pompadour malte *(vgl. Seite 60):* Ihr Kleid ist über und über mit Seidenrosen besetzt, vor ihr am Boden und auf dem Marketerietischchen, das ihr als Schreibtisch dient, liegen frische Rosen. Es gab keine Möbel ohne Blumenornamente mehr: Rosengirlanden und -festons, Rosenkörbe und -buketts, einzelne Rosen, geschnitzt und vergoldet an Konsolen, als Einlegearbeiten an Schränken und Sekretären, Frisiertischen und Kommoden.

Bald war die gesamte Inneneinrichtung, von den Seidenstoffen und Kissenhüllen bis hin zu den Tapeten und Holztäfelungen, mit Blümchenmustern versehen, sodass die Grenze zwischen Wohnraum und Garten nur noch schwer zu ziehen war. Als Madame de Pompadour im November 1750 auf Schloss Bellevue einen Empfang für Ludwig XV. gab, hatte sie sich eine besondere Attraktion für den König ausgedacht: Im hinteren Teil der Gemächer hatte sie ein beheiztes Gewächshaus bauen und Blumenbeete anlegen lassen. Während draußen strenger Frost herrschte, blühten im Inneren Rosen, Nelken und Lilien. Der König war entzückt von der Blütenpracht und dem lieblichen Duft. Doch die Pracht war reine Illusion: Die Blumen waren allesamt aus Porzellan gefertigt, und der Duft stammte von Duftölen. Die Natur war täuschend echt nachgeahmt worden.

Von da an wurden nicht nur Blumen, sondern auch andere Vorlagen der Natur zu Dekorationszwecken kopiert. Die exquisiten, besonders filigranen Porzellanrosen wurden in einer kleinen Manufaktur in Vincennes hergestellt und waren nirgendwo anders zu bekommen. Ludwig XV. kaufte die Firma auf und verlagerte die Produktion im Jahre 1756 nach Sèvres. Danach dauerte es nicht mehr lange, bis die berühmte »Pompadour-Rose« Tafelgedecke, Geschirr, Kakaokannen und Vasen zierte. Die Porzellanrosen, die Blütenblatt für Blütenblatt von Hand modelliert und auf Metallstiele montiert wurden, kosteten ein Vermögen und schmückten Vasen und Tafelaufsätze daher nur in den Wohnungen der Reichen.

Manchmal genügen Kleinigkeiten, um eine Illusion zu erzeugen. Hier scheint es, als spiegelte das Muster der Tischdecke die frisch gepflückten und sich gerade öffnenden Rosen in der Schale wider (links).
Die zerbrechlichen Porzellanrosen, perfekte Kopien frischer Blumen, werden seit dem 18. Jh. als Dekoration von Tafelaufsätzen oder als Tischschmuck verwendet. Der französische Künstler Didier Gardillou stellt heute noch nach den Verfahren der Porzellanmanufaktur Vincennes naturgetreue Reproduktionen her (unten). *Diese Manufaktur, errichtet 1783, verlegte der Sonnenkönig Ludwig XV. kurzerhand nach Sèvres.*

Die Firma Guillet stellt seit über hundert Jahren Kunstblumen her. Ihre erlesenen künstlichen Rosen genügen höchsten Ansprüchen, und ihre bezaubernden Buketts finden sogar in Japan reißenden Absatz. Preiswerter sind da schon die aus China importierten Stoffrosen (oben), die Guillet ebenfalls anbietet. Die von Emilio Robba entworfenen Kunstblumen sind echten zum Verwechseln ähnlich. Seine Rosen in lebhaften, schattierten Farben, ob in Perlmuttrosa oder in Scharlachrot, ahmen perfekt die leicht zerknitterte Textur frisch gepflückter Rosen nach (rechts).

Diese handwerkliche Kunst wird auch heute noch gepflegt, die Nachfrage ist immer noch vorhanden, selbst wenn Dekorationen mit künstlichen Blumen heute nicht mehr so aktuell sind wie zu Zeiten der Pompadour. Die berühmten Porzellanblumen, die unter Ludwig XV. schier unerschwinglich waren, werden heute noch in traditioneller Arbeitsweise von Didier Gardillou hergestellt, einem Künstler, dessen Arbeiten im Laden des Musée des Arts Décoratifs in Paris zu bewundern sind und dort auch gekauft werden können. In mühevoller, stundenlanger Kleinarbeit werden die zerbrechlichen Kunstwerke Blütenblatt für Blütenblatt zusammengesetzt, ähnlich wie bei uns in Deutschland die Glasrosen.

Mit der Erfindung des Kristallglases entwickelte sich eine neue kunsthandwerkliche Form, die in den Parfümflakons von René Lalique höchste Vollendung erreicht: Ein gutes Beispiel ist die geöffnete Blüte des Parfüms *Rose de Noël* aus dem Hause Caron oder das naive Streumuster kleiner Heckenrosenblüten, die den blumenförmigen Flakon von *Coeur joie* schmücken, dem ersten Parfüm von Nina Ricci.

Rosen aus Seide und Baumwolle

Im Laufe der Zeit entdeckte man andere Materialien und Techniken zur Herstellung künstlicher Blumen. Man findet heute kaum ein Dekorationsgeschäft, eine Abteilung für Inneneinrichtung oder Tischkultur, eine Reportage über stilvolles Wohnen, ohne auf künstliche Rosen zu stoßen, sei es als anmutige Stielrose oder als barockes Bukett, als Kugel oder als Mini-Bäumchen. Die unechte Rose ist heute ebenso modern wie die echte, sie ist eine farbliche Bereicherung für jede Einrichtung, ob man sich nun für Korallenrot, Lachsrosa oder Indischrot, für ein kräftiges Gelb, makelloses Weiß oder für Karmesinrot entscheidet. Viele Schattierungen wie Indigoblau oder Violett kommen in der Natur nicht vor, und manche sind fast schon grell oder schlicht unwirk-

In den Ateliers der 1880 in Paris gegründeten Firma Légeron fühlt man sich beim Anblick der wuchtigen hölzernen Ladentische mit den tiefen Schubladen, der altmodischen Etiketten und der Regale voller Schachteln und Kataloge in eine Kurzwarenhandlung aus dem 19. Jh. versetzt. Blumenkränze, Buketts und Knopflochblüten füllen hier jeden Quadratzentimeter und warten darauf, in Seidenpapier verpackt und in die Welt der Pariser Haute Couture entführt zu werden.

lich, so wie der leuchtende Goldton in den üppigen Weihnachtsarrangements aus dem Hause Sia.

Die künstlichen Blumen, die heutzutage hergestellt werden, sind bis ins kleinste Detail erstaunlich naturgetreu. Die Kreationen von Emilio Robba zum Beispiel sind in Japan genauso gefragt und bekannt wie in den USA. Bewundern kann man sie in den zauberhaft gestalteten Auslagen seiner Boutique in der Galerie Vivienne in Paris. Jedes Jahr entwirft Robba einzigartige Kollektionen: künstliche Blumen, Vasen, Kerzen, Raumdüfte, Teppiche und Lampen. Seine Blumen, überwiegend Rosen, werden aus Seide, Baumwolle oder Polyester gefertigt, von Hand zusammengesetzt und gefärbt, mit präparierten grünen Blättern kombiniert und anschließend in ewig klares »Wasser« – ein Gemisch transparenter Harze – getaucht. Durch die seidige Beschaffenheit der Blüten, die samtige Weichheit der Knospen sowie die Biegsamkeit der Stiele wirken sie so naturgetreu wie ein fotorealistisches Bild. Mit der gleichen Perfektion verarbeitet Robba auch echte Blumen, zum Beispiel Rosen, die, in transparentes Paraffin gegossen, Kerzen zieren.

Viele Kunsthandwerker führen Rosen in ihrem Programm, so auch Hervé Gambs, der nicht nur allerlei Rosen-Kompositionen anbietet, von Kugeln und Päckchen über Buketts bis hin zu Bäumchen und Körben, sondern auch Rosenblütenblätter zum Parfümieren (sie sind aus einem speziellen Material gefertigt, das die Raumsprays, mit denen sie besprüht werden, besser absorbiert) und sogar ein Tischfeuerwerk, das beim Abbrennen einen Regen aus weißen oder bunten Rosenblütenblättern über die Gäste niedergehen lässt.

Rose Couture

Die unvergleichlichen Putzmacherinnen, deren Dienste und Ratschläge die Damen der feinen Gesellschaft so sehr schätzten, waren Ende des 18. Jahrhunderts so berühmt wie heutzutage die großen Mode-

schöpfer. Für die vielen fantasievollen Arten von
Blumenschmuck, die sie ihren Kundinnen anboten, als
Zierde am Kleidersaum und im Haar, an der Schulter
oder am Dekolleté, verwendeten sie hauptsächlich
Rosen aus Seide, Samt, Papier oder Pergament. In China
hatte die Kunstblumenherstellung schon seit langem
Tradition. Die Italiener ließen sich von ihr inspirieren
und stellten Blumen aus Federn, Stoff oder sogar den
Kokons der Seidenspinnerraupen her, die echten Blüten
täuschend ähnlich waren. Die Franzosen entwickelten
diese Kunst weiter, indem sie alle möglichen Werkzeuge
zum Ausschneiden, Stanzen, Drucken oder Färben der
künstlichen Blumen erfanden.

Gegen Ende des 18. Jahrhunderts gab es in Paris rund
ein Dutzend Kunstblumen-Manufakturen, »darunter die
des Böhmen Wenzel, der für Marie-Antoinette eine Rose

Die unendlich zarten, in Seide dahingegossenen
Rosen gleichen in ihrer anmutigen Eleganz jenen
alten Rosen mit so beziehungsreichen Namen
wie 'Assemblage des beautés', 'La Belle Sultane',
'Mousseline' oder 'Perpétuelle mousseuse'.
Die Firma Légeron hat diese kleinen Kunstwerke
als Zierde für Bluse oder Hut, Korsage oder
Abendkleid geschaffen.

Der Kunstblumenhersteller wird zum Koloristen, wenn er kleine Bündel Rosenblütenblätter in sorgfältig dosierte Lösungen taucht, um verschiedene Farbabstufungen zu erzielen (unten), so wie hier in den Ateliers Légeron. Ganze Kataloge werden auf diese Weise gefüllt (ganz unten). *Und so sieht es aus, wenn sich ein paar Zentimeter Musselin in aufgeblühte Rosen verwandelt haben* (rechts).

herstellte, die bald Berühmtheit erlangte. Die Blütenblätter waren aus den feinen Häutchen von Eierschalen ausgeschnitten und von denen einer echten Rose kaum zu unterscheiden« (Catherine Donzel, *Geliebte Blumen*).

Im Laufe der Jahre nahm die Zahl der Blumen- und Schmuckfedernhersteller enorm zu. Nach dem Zweiten Weltkrieg gab es allein in Paris noch 277 an der Zahl. Eine Hand voll hat die Launen der Mode überdauert. Diese wenigen Firmen bemühen sich heute, den Kunstblumen, deren Ruf unter den Billigimporten made in Hongkong stark gelitten hat, ein neues Image zu verleihen.

In den Ateliers von Légeron in der Pariser Rue des Petits-Champs scheint die Zeit vor hundert Jahren stehen geblieben zu sein. Im Firmenarchiv werden kostbare Kataloge mit Blütenblättern in unendlich vielen Farbnuancen aufbewahrt. Fachkundige Hände fertigen Rosen aus hellgrauer Seide und Samtblättern für Dior, eine äußerst aufwändige Arbeit: Jede Rose besteht aus Dutzenden von Blütenblättern in unterschiedlichen Größen und Formen, deren Farbe von innen nach außen abgestuft ist.

Auch die Firma Lemarié, 1880 von einer einfachen Arbeiterin aus einer Schmuckfedern-Manufaktur gegründet, ist für die Modeschöpfer der Haute Couture und der Luxuskonfektionskleidung tätig. Das Markenzeichen des Hauses Lemarié ist zwar nach wie vor die »Chanel-Kamelie«, aber auch Rosen werden hier angefertigt, aus Musselin oder Perkal, Popelin oder Organza, immer in dem Bemühen, die Natur neu zu erfinden in den subtilen Abstufungen der meisterhaft gefärbten und zusammengesetzten, üppigen, runden, geprägten Blüten.

Die Ateliers von Madame Lubrano, Chefin des Hauses Guillet und Enkelin des gleichnamigen Firmengründers, verströmen den gleichen Zauber, und doch ist hier alles eine Nummer größer, eindrucksvoller. Die »Floristin am Hofe« von Christian Lacroix und Nina Ricci, Thierry Mugler und Sonia Rykiel – die Rosen als Dekor ebenso kreativ einzusetzen weiß wie in der Mode – hat beispielsweise die fünftausend Seidenrosen für das Model

Die fertigen Rosenblüten-
blätter werden mit Num-
mern und Anmerkungen
versehen und katalogisiert.
Diese Archive sind von
unschätzbarem Wert.

Estella Warren gefertigt, die kleine Eva in der Werbekampagne zur Markteinführung des Parfüms *Eden* von Cacharel. Die Idee dazu stammte übrigens von dem Regisseur Jean-Paul Goude.

Es sind außergewöhnliche Künstler wie diese, denen man auf Modenschauen so verblüffende Kreationen wie die Hüte des englischen Designers Alexander McQueen oder die »Objekt-Kleider« des Italieners Franco Moschino zu verdanken hat, wie jenes Korsagenkleid in Form eines Buketts aus Stoffrosen in allen Schattierungen von Rot und Rosa, über dem das Mannequin eine Zellophanstola trägt.

Die Modeartikel-Abteilungen großer Kaufhäuser oder bestimmte Fachgeschäfte führen Stoffrosen in natürlicher Größe, die wie Bengalrosen oder *Roses de Mai* aussehen. Sie sind aus Tüll, Samt, Tergal, Rohbaumwolle, Brokat, Leder oder auch Jeansstoff gefertigt und passen zu echtem ebenso wie zu Modeschmuck.

Die Rose bezaubert aber ebenfalls als dezente Miniaturausgabe: zum Beispiel als fingernagelgroßer Knopf aus einem geschickt verschlungenen hellen Satinband, oder in noch kleinerer Ausführung als Schmuck an einem Babymützchen oder am Ausschnitt eines Büstenhalters der Marke Rosy. Damenwäsche ist ohnehin das Reich der Rose. Aus feinen Stoffen wie Satin, Musselin oder Spitzen hergestellte Dessous sind Ausdruck des Ewigweiblichen. Frauen und Rosen, Rosen und Seidenbänder, beide untrennbar mit dem weiblichen Wunsch zu gefallen verknüpft, bilden von jeher eine sinnliche Einheit: Die an Symbolen reiche Wechselbeziehung zwischen der Rose und dem weiblichen Ideal besteht bereits seit der Antike.

Blumige Stoffe

Im Fernen Osten beherrschte man die Kunst des Stoffdrucks schon vor langer Zeit. Die Stoffe, die von dort nach Europa kamen – Kattun, Cretonne und Seidengewebe –, erfreuten sich in Frankreich einer

Die bunten Stoffrosen, die hier aus dem weißen Seidenpapier hervorschauen, sind sorgfältig Blütenblatt für Blütenblatt gebauscht, gerundet und geädert worden, um die Natur so perfekt wie möglich nachzuahmen (links). Ein kleiner, perlmuttfarbener Knopf am Ausschnitt verleiht einer einfachen Korsage eine ausgesprochen raffinierte Note (unten). Sehr elegant wirkt auch die weit aufgeblühte und Ton in Ton gearbeitete Seidenrose aus dem Pariser Geschäft Trousselier an einer Bluse (ganz unten).

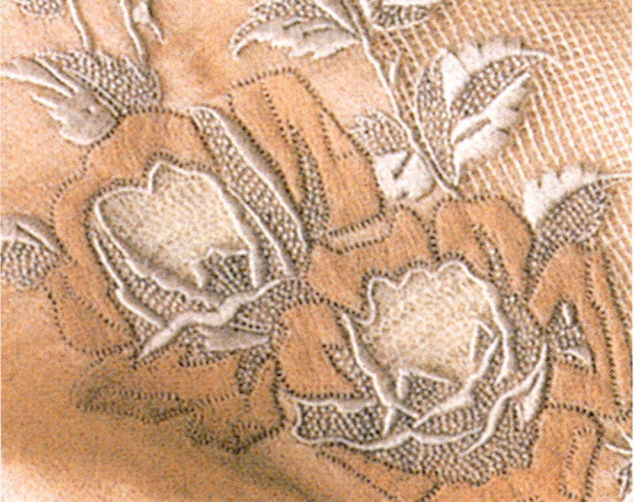

derartigen Beliebtheit, dass die einheimischen Seidenfabrikanten und Wollhändler ihre Einfuhr verbieten lassen wollten. 1686 gab man ihrem Verlangen zwar nach, jedoch mit der Konsequenz, dass der Schmuggel und das Fälscherhandwerk blühten, weil niemand auf die geblümten, schillernden Stoffe verzichten wollte. Anfang des 18. Jahrhunderts gründeten im damals schweizerischen Mülhausen drei unternehmungslustige junge Männer die erste Kattun-Manufaktur. Im Musée de l'Impression sur Etoffes kann man tausende von Stoffmustern mit einer reichen Auswahl floraler Motive bewundern: exotische Blumen neben einheimischen Feldblumen, Sträuße und Girlanden, und immer wieder Rosen – auf Röcken, Schals, Taschentüchern oder Steppdecken; die Sammlung spiegelt die Blütezeit des Elsass wider.

Bedruckte Kleiderstoffe sind, ungeachtet des Stils, des Materials oder des Verwendungszwecks, für Blumen, und somit auch Rosen, zweifellos das schönste Ausdrucksmittel. Noch bevor es die Kunstrichtung des Art déco gab, illustrierte der französische Maler Raoul Dufy Vignetten und Einladungen für den Modeschöpfer Paul Poiret, kreierte farbenprächtige Stoffe mit Rosen- und Pfingstrosendruck und entwarf später gemeinsam mit der Firma Bianchini-Férier verschiedene Modelle, bei denen die Rose als Einzelblume oder Strauß nicht fehlen durfte. Aber nicht nur als Druck, auch als Inkrustation und Seidenapplikation kommt die Rose in allen nur denkbaren Variationen vor, insbesondere bei Jeanne Lanvin oder Jeanne Paquin. Pierre Balmain zählt ebenfalls zu den Couturiers, die Rosen in ihrer schönsten Form zeigen: Er entwarf zahllose Filmkostüme, darunter auch ein eng anliegendes, durchsichtiges Kleid für die amerikanische Schauspielerin Caroll Baker, das ganz mit Rosen bestickt und von einer sinnlichen Kaskade aus weißen Tüllrosen umwogt war.

Als in den 1960er Jahren an den Universitäten die ersten Blumenkinder auftauchten, dauerte es nicht lange, bis die Flower-Power-Welle sich ausbreitete,

und bald galten Blumen als Symbol der Befreiung
von sämtlichen Konventionen, standen für Liebe
und Fantasie, die Gleichheit der Geschlechter und die
Rückkehr zur Natur. Neben der Margerite, in den
1960er Jahren *die* Blume schlechthin, setzte die Rose
ihren Siegeszug fort. Doch statt der üppigen Zentifolie
romantischer Buketts stand jetzt die kleine, am Weges-
rand blühende Heckenrose im Vordergrund, zum Beispiel auf Kleidern und Blusen von Cacharel, ganz in
der Tradition der Streublumenmuster auf den feinen
englischen Perkalstoffen von Liberty. Man trifft sie
immer und immer wieder, die Rosen, sogar in der Kollektion *Sous le signe de la rose* von Agnès B., einer
Modeschöpferin, die sich doch eher dem Streifendessin
oder Schwarz-Weiß-Kontrasten verschrieben zu
haben schien.

Auch Vivienne Westwood oder John Galliano verwenden Druckstoffe, die Rosen als Sträuße oder
Streublumen zeigen, wobei sie jedoch auf alte Vorlagen
zurückgreifen. Daneben findet man aber auch eine reiche Auswahl gestickter oder inkrustierter Rosen. Die
engen Bolerojäckchen von Christian Lacroix oder die
weit schwingenden Leinenröcke von Dries van Noten
tragen leuchtende, mit Seiden-, Baumwoll-, Woll- oder
Metallfäden gestickte sowie aus Perlen oder Pailletten
aufgenähte Blüten, die an die farbenfrohen Rosen der
prachtvollen Montur eines Matadors oder ukrainischer
Trachten erinnern.

Früher wurden sittsame junge Mädchen mit einem
Kranz aus Rosen ausgezeichnet. Man trägt sie auch
heute wieder. Die renommierte Hutmacherin Marie
Mercié verwendet sie als Einzelblume oder als Bordüre. Die Pferderennen in Ascot oder Chantilly, wo es
Tradition ist, dass die Damen sich mit ausgefallenen
Hüten zeigen, sind für namhafte Hutmacher eine will-
kommene Gelegenheit, die Rose in spektakulärer
Pracht in Szene zu setzen. Die von Philippe Model entworfenen, raffinierten breitkrempigen Hüte mit Dutzenden von Seidenrosen präsentieren die Rose in ihrer
ganzen majestätischen Vornehmheit.

*Dessous aus Seide, Musselin oder Satin verschaf-
fen der Rose die Ehre, die ihr gebührt (links oben:
ein Modell von Sabbia Rosa). Stickereien und
Spitzen bringen ihre subtile Feinheit zur Geltung
(links unten: eine überstickte Überdecke aus rosa-
farbenem Seidensatin, die in den 1950er Jahren
von der Firma Porthault hergestellt wurde). Ein
Strauß Seidenrosen ziert den breitkrempigen, eleganten Strohhut von Philippe Model (ganz oben).
Rosenranken zieren das Taffhemd mit Spaghetti-
trägern von Max Chaoul (oben).*

Rosenmotive auf Stoff und Papier

Gegen Ende des 18. Jahrhunderts war Frankreich führend in der Mode der reizvollen Blumenmotive und -ornamente mit ihren ineinander verschlungenen Dijonröschen, Heckenrosen oder Zentifolien, die der Natur so täuschend echt nachempfunden waren. Da Textilien Blumenmuster am schönsten wiedergeben, wurden überall in Europa gewaltige Stoffmengen verarbeitet: leichter Perkal und broschierter Lampas, bemalte Leinwand, Kattun sowie andere Baumwoll- und Seidenstoffe. Die Tapeten, ebenfalls eine Erfindung des 18. Jahrhunderts, boten neben der Tapisserie neue Möglichkeiten zur floralen Gestaltung.

In der zweiten Hälfte des 18. Jahrhunderts wurden Fantasieblumen als schmückende Elemente in der Inneneinrichtung, sei es auf Tapeten, sei es auf Dekorations- oder Bezugsstoffen für Vorhänge, Sessel und Kanapees, Kissenhüllen und Tagesdecken, immer beliebter. Auch hier überstand die Rose glänzend die Kaprizen der Mode – in einer Vielzahl unterschiedlicher Kompositionen: mit Bändern umwickelt oder hängend, geflochten oder als Spalier, in Vasen, Bündeln oder kleinen Buketts, als Bordüre, Strauch oder Streublume. Heute existieren alle nur denkbaren Stilrichtungen nebeneinander. Bei der Manufaktur Mauny, einer Firma, die sich auf die Herstellung von Tapeten nach alten Originalvorlagen spezialisiert hat, findet man die erlesensten Muster der vergangenen Jahrhunderte wie zum Beispiel das reizvolle *Rose de France*.

Die Kataloge und Kollektionen der Designer und Stilistinnen entführen den Betrachter in das Reich der Blumen, in dem die Rose die unbestrittene Königin ist. Auf dicker, terrakottafarbener Leinwand prangen Körbe voller Rosen und Bänder in abgestuften Blautönen wie eine Temperamalerei auf einer sonnenbeschienenen Mauer. Riesige, schillernde Buketts leuchten auf glänzendem Perkal; auf schlichtem Baumwollgewebe schwanken grazile, mit weiß panaschierten Rosenblüten besetzte Stängel.

Die fein modellierte, lebhaft kolorierte englische Rose nach dem Motiv einer Whittard-Tasse zum Muttertag (ganz oben) bringt die anmutige, bescheidene Seite dieser Blume zum Ausdruck, während die Tapete aus den 1850er Jahren (oben: ein Entwurf von David Soyer, Musée de l'Impression sur Etoffes, Mülhausen) an eine prächtige Rosenlaube erinnert. Die Manufaktur Mauny ist auf die Reproduktion alter Tapeten spezialisiert, die sie unter Verwendung von Originaldruckplatten herstellt (rechts).

Die Manufaktur Mauny produziert auch Friese und Bordüren (diese Doppelseite zeigt das bekannte Motiv Rose de France*). Wie bei der Tapetenherstellung ist auch hier eine Druckplatte pro Farbe und Dessin erforderlich.*

Die englische Firma Liberty greift die Naturmotive des vielseitigen Künstlers William Morris auf und überträgt sie auf Leinen, wo zwischen Heckenrosen und Erdbeersträuchern Vögel zwitschern. Stickereien auf Baumwollstoffen zeigen prächtige fünfblättrige Rosenblüten, deren Kronblätter sich anmutig lösen. Das Haus Lelièvre hat eine ganze Kollektion mit dem Namen *Allons voir si la rose …* entworfen, zu der die mit kleinen Rosen bestickte Ottomane *Mignonne* gehört, *Belle Dame,* ein Damast mit Rosenlaub und Schmetterlingen, und *Milrose,* ein Seidenstore, auf dem kreuz und quer dicke Rosengebinde verteilt sind.

Seit 1752 ist der Textilhersteller Prelle auf die Fabrikation von erlesenen Stoffen zur Innendekoration von Schlössern und Museen überall auf der Welt spezialisiert. Die Produktpalette umfasst geschnittenen Samt, Seidenbroché, Gold- und Silberbrokat, Damast, Lampas, Brokatell und eine Reihe anderer Seidenstoffe, auf denen die Rose mit Liebe zum Detail dargestellt ist.

Die an der wunderschönen Pariser Place des Victoires etablierte Firma Prelle stellt auch anspruchsvollste Reproduktionen alter Stoffe her, zum Beispiel für das Potsdamer Marmorpalais oder das Schlafgemach Ludwigs XVI. in St. Cloud. Gewebe im Stil des Premier Empire oder in der Mode unter Napoléon III. werden ebenfalls gefertigt (diese Doppelseite).

Bei Porthault arbeitet man seit jeher gerne mit Blumenmotiven, und dieses Tischtuch aus feinstem Leinen wurde von Hand mit einer Ajour-Stickerei in Rosenform verziert (unten). So wird schlichte Weißwäsche zum Träger poetischer Bilder, auf denen sich zierliche Stängel zwischen Rosenknospen und -blüten verästeln.

Prelle hat die Produktion aufwändiger Stoffe, die im Haus selbst entworfen und in Handarbeit hergestellt werden, seit Firmengründung niemals unterbrochen. Dessin, Textur und Farben von Stoffen, die einst zur Innendekoration von Prachtbauten verwendet wurden, werden hier originalgetreu reproduziert, ob sie aus den Gemächern der Königin im Schloss von Fontainebleau, aus der Sommerresidenz der Vanderbilts im amerikanischen Newport oder aus Schlössern in Schottland, England, Deutschland oder den Niederlanden stammen.

Rosen eignen sich aber nicht nur als verspielte Dekoration auf Konfektdosen und in Louis-XV-Boudoirs, auf englischem Chintz, der nach Fünf-Uhr-Tee und Kaminfeuer duftet, als barocke Girlanden oder romantische Blumenkörbe auf geprägtem Samt oder als schabloniertes naives Streublumenmuster für Mädchenzimmer. Rosen können auch sehr moderne, kühne Formen annehmen, wie das Hill House zeigt, ein Meisterwerk des schotti-

schen Architekten und Designers Charles Rennie
Mackintosh, das 1902 in Helensburgh bei Glasgow errichtet wurde. Eine stilisierte Wildrose ist das Hauptmo-
tiv der Wandverzierung im gesamten Gebäude, in den
Schlafzimmern ebenso wie im Wohnbereich, sei es als
linearer Fries in Form eines Spalierstrauches oder als will-
kürlich angeordnete Streublumen. Die formale Reinheit
und das originelle Design dieser Rose, ob als Tapetenmus-
ter, Fensterglas- oder Stuckornament, sind einzigartig.

Aber die Rose schmückt nicht nur Wände und Stoffe,
sondern auch Bett- und Tischwäsche. Ihre Kronblätter
und Blüten, ihr Laub und ihre kleinen Knospen zieren in
reicher Fülle bestickte Kissen- und Bettbezüge, Tagesdecken, Paradekissen, Überwürfe, Tafeltücher, Tischsets
und Handtücher. In China wurde die Technik der Nadel-
malerei, wie die Buntstickerei auch genannt wird, schon
lange praktiziert. Im 18. Jahrhundert kam diese Tradition
nach Frankreich, wo noch heute nach alten Vorlagen
Tischdecken mit Blumenmotiven bestickt werden, die
ihrem natürlichen Vorbild an Frische und Raffinesse in
nichts nachstehen. Ein Beispiel dafür ist das prächtige
Tafeltuch *Joséphine* von Siècle, dessen Rosengirlande
einem Bild des französischen Malers Pierre-Joseph Redouté nachempfunden ist. Aber sogar schlichte Papierservietten präsentieren sich stilvoll mit Rosenornamen-
ten, wie sie sonst nur noch in den Kollektionen des
Londoner Victoria and Albert Museum, einem bedeutenden Kunstgewerbemuseum, zu finden sind. Das Modell
Fairy Rose Cream etwa kann sich durchaus neben erlesenem Porzellan sehen lassen.

Rosen auf Porzellan

Von der zweiten Hälfte des 18. Jahrhunderts an werden zunehmend Gebrauchsgegenstände aus Keramik
und Porzellan – Vasen, Übertöpfe, Terrinen, Schüsseln,
Teller und Tassen – der Manufakturen in Sèvres, Mar-
seille, Vincennes oder Chantilly mit sich öffnenden
Rosenblüten bemalt. »Geschlossene und aufbrechende

*Rosenknospen in naivem Streublumen-
muster zieren nicht nur verspielte Tapeten für Mädchenzimmer (oben: nach
einem Entwurf von Jane Churchill),
sondern auch die Kreationen moderner
Designer wie Agnès B. In der Porzellanmalerei sind Blumenornamente ebenfalls schon immer sehr beliebt gewesen
(unten: Gedeck aus Sèvres-Porzellan aus
dem 18. Jh.).*

Rosenknospen stellen sich zwischen Vorspeise und Nach-
tisch, Teestunde und Abendessen ein. Rosen, die den
Duft der Kindheit verbreiten, nach dem wir alle uns
heute zurücksehnen.« Diese Zeilen stehen auf der Rück-
seite der Teller des Services *Histoire de roses*, die von
A. Raynaud, einem der bekanntesten Porzellanhersteller
von Limoges, entworfen wurden.

Blumen sind immer schon das Lieblingsmotiv aller
Künstler gewesen, Porzellanmaler bilden hier keine Ausnahme: Rosen in allen Variationen zieren Tischgeschirr,
aber auch Tiegel oder Pillendosen. Ende des 18. Jahrhunderts macht sich auch hier die Tendenz hin zu einer rea-
listischeren Darstellungsweise bemerkbar: Kleine Zweige
und verstreute Schnittblumen ergänzen die Motivpalette.
Dann werden die floralen Ornamente zarter und raffinier-
ter, man fasst sie mit Gold und Farben ein, was den Eindruck von Heiterkeit und Üppigkeit erweckt.

Gegen Ende des 19. Jahrhunderts prangen voll erblühte Rosen in ihrer ganzen zerbrechlichen Pracht auf
feinstem Porzellan, wie etwa auf dem Modell *Eugénie de
Montijo* aus der Porzellan-Manufaktur Bernardaud, das
der Gemahlin Napoleons III. überreicht wurde, als sie
die Weltausstellung von 1867 eröffnete. Aus derselben
Manufaktur kommt das moderne Service *Aux Roses* mit
Rosenknospen und -blüten zwischen Lorbeerbändern;
auf den Tellern *Bois de rose* hingegen erinnert das mit
Rosenknospen durchsetzte Rankenornament an eine Ara-
beske aus schmiedeeisernen Gitterstäben, um die sich
Rosenranken winden.

Die von dem Künstler Nall, einem Schüler Dalís, der
sich gleichfalls von Dürers Radierungen inspirieren ließ,
für den Porzellanhersteller Haviland entworfenen *Roses
de Tuscia* gehören einer völlig anderen Kategorie an. Mit
größter Präzision in Schwarz und Weiß gestaltet, rücken
sie schon in die Nähe des Fantastischen, was durch
Trompe-l'oeil-Effekte noch betont wird. Dargestellt wird
die Entwicklung einer Rose, auf jedem Teil des Service
eine andere Phase, von der Knospe zur verwelkten
Blume, die zugleich aber einen Neubeginn verheißt,
verwandelt sie sich doch in eine Frucht.

*Der Brauch, eine Tafel mit
Blumen zu bestreuen, stammt
aus der Renaissance. Die
Blüten, die sich farblich vom
Tischtuch abheben sollten,
dienten reinen Dekorationszwecken. So entstand die bis in
die Neuzeit reichende Mode
geblümter Tischdecken und mit
Blumenornamenten verzierten
Geschirrs. Das romantische
Motiv der bemalten Glasteller
von Despalles* (links) *ist den
Rosenbildern des französischen
Malers Pierre-Joseph Redouté
nachempfunden. Auf Tassen
und Untertassen prangt die
Rose als Bordüre oder Kranz
(diese Seite von oben nach
unten: bemaltes englisches
Derby-Porzellan, um 1802,
Sèvres-Porzellan, 18. Jh., wali-
sisches Porzellan, um 1910).*

Mit Papier und Wollgarn lässt sich das Thema Rose variieren: Pappteller und Papierservietten im Victoria and Albert Museum, London (unten). Kanevas und Stickgarn für Kissenhüllen und Teppiche von Casa Lopez, für die als Vorlage Aquarelle von Isabelle Valke dienten (ganz unten). Hobbymaler haben Rosen immer schon ihrer Farben und Formen wegen als Motiv geschätzt (rechts: Aquarell von Colette Renault).

Rosen auf Petit-Point-Stickereien und anderen Handarbeiten

Im 19. Jahrhundert war auf Glückwunschkarten und Familienanzeigen, auf kleinen Bildchen zum Ausschneiden oder Abziehen nach dem Vorbild der Blumensträuße des viktorianischen Zeitalters eine Rose zu sehen: entweder in der Hand eines blondgelockten Kindes oder als kleiner Strauß, der aus einem Füllhorn mit der Aufschrift »Zuneigung« hervorschaute.

In der Web- und Stickkunst wie der Petit-Point-Stickerei passte man sich dem jeweiligen Zeitgeschmack an, von den ehrwürdigen Millefleurs-Mustern des Mittelalters über die schleifenverzierten Körbe des frühen 18. Jahrhunderts bis zu den Motiven des Art déco. Als gestickte Zierde auf Kissen, Lehnsessel oder Hocker bietet sich die Rose auch heute noch in unzähligen Variationen an, sei es als dekoratives Medaillon, als altmodischer Zierstreifen oder als Streublumen in Kreuzstichtechnik.

Die Rose erblühte auf Fächern und Konfektdosen, auf Keramikfliesen und Korallenbroschen, auf Faltschachteln und Bucheinbänden, auf vergoldeten Emailuhren und *millefiori*-Briefbeschwerern, auf Venezianer Spitze und Pappmaché im Stil Napoléon III. Und selbstverständlich müsste in dieses imaginäre Rosen-Museum auch die von Emile Gallé um 1900 entworfene Serie *Roses de France* aufgenommen werden, zu der ein Flakon aus grünem, geschliffenem und geschnittenem Kristall gehört, den er *à la rose languissante* (der schmachtenden Rose) nannte. Und wenn man aus der Abteilung Jugendstil in die Abteilung Art déco hinübergeht, findet man Elfenbeininkrustationen in geometrischer Rosenform auf einem Bett aus Nussbaumknorren von Jules Leleu neben Rosen aus Zinn und Zelluloid, die Marie Laurencin für Makassarstühle von Emile-Jacques Ruhlmann entworfen hat.

Die Rose wird immer in irgendeiner Form Bestandteil unseres Lebens sein, ob sie nun Schmuckstücke oder Gebrauchsgegenstände, Einrichtungen oder Festdekorationen verschönt. Ihr Zauber wird nie vergehen.

Rosen und Parfüm

»*Die zu einem Kelch erblühten Rosen boten*
ihren Duft gleichsam in kostbarem Kristall dar;
die urnenförmig geschweiften Rosen ließen
ihre Tropfen um Tropfen entströmen;
die wie Kohlköpfe runden Rosen hauchten ihn
mit dem regelmäßigen Atem schlafender Blumen aus;
die knospenden Rosen pressten ihre Blätter zusammen
und ließen nur das unbestimmte Seufzen
von Jungfrauen vernehmen.«

Emile Zola, Die Sünde des Abbé Mouret

Die 'Yves Piaget' mit den gezähn-
ten Kronblättern (eine Züchtung
von Meilland Richardier) ent-
faltet einen intensiven, lieblichen
Duft, den auch ungeübtere Nasen
wahrnehmen (rechts).

Wer das Gemälde The Shrine *von John William Waterhouse (1849–1917), der Frauen mit Rosen in zahlreichen Variationen malte, betrachtet, meint den Duft der Blumen förmlich riechen zu können* (Seite 117). *Der betörende Wohlgeruch der bulgarischen Rose dominiert in dem Parfüm* Diorissimo, *das Dior 1956 in einem Baccarat-Flakon mit Bronzerosen in limitierter Auflage auf den Markt brachte* (unten). *Die bulgarische Rose verleiht auch dem Duft* Private Collection *von Estée Lauder (1972) eine sinnlich-gefühlvolle Note* (rechts).

Manche Rosen präsentieren sich in glorreicher Schönheit, andere in schmucker Frische. Manche duften nach Moos oder feuchter Erde, andere nach Gewürzen oder Edelhölzern. Weiße Rosen verbergen unter ihrem seidigen Äußeren zuweilen einen Hauch von Anis, während man in andere, samtig rote, am liebsten hineinbeißen würde, um ihr Himbeeraroma schmecken zu können. Man beugt sich über eine dieser zauberhaften Blütenkronen und atmet den Geruch von Gewürznelken oder Muskat ein, man erschnuppert vielleicht eine Spur Moschus oder einen leicht puderigen Duft, einen Hauch von Zitronenkraut oder das nostalgische Aroma sonnengereifter Früchte. Das Duftspektrum der Rosen ist noch subtiler und reichhaltiger als ihre Farbpalette. Diese kostbaren Düfte zu extrahieren und weiterzuverarbeiten ist Aufgabe des Parfümeurs.

Rosen für Parfüme

Über vierhundert Duftkomponenten verleihen dem Wohlgeruch der Rose, die seit der Antike und auch heute noch von Parfümeuren in aller Welt zur Parfümherstellung verwendet wird, eine unvergleichliche Intensität. Im Wesentlichen werden von den hunderten bekannter Arten zwei herangezogen: die hauptsächlich im südfranzösischen Grasse sowie in Marokko kultivierte *Rose de Mai (Rosa centifolia)* und die in Bulgarien, der Türkei und in Indien angebaute Damaszenerrose *(Rosa damascena)*. Eine Kombination aus diesen beiden soll den lieblichsten Rosenduft der Welt hervorbringen. Kein anderes ätherisches Öl ist in so vielen unterschiedlichen Kompositionen vorhanden: in der koketten Frische von *Cabochard* (Grès) ebenso wie in der betörenden Reinheit von *Anaïs Anaïs* (Cacharel), in der leichten, spritzigen Note von *Fleurs de Rocaille* (Caron) ebenso wie in *Trésor* (Lancôme), das den Zauber eines italienischen Rosengartens einfängt.

In der Türkei und in Bulgarien wird die berühmte Damaszenerrose (Rosa damascena) auf riesigen Flächen angebaut. Diese meist stark duftenden Rosen werden bis zu zweieinhalb Metern hoch. Sie tragen rote, rosa oder weiße Blüten in lockeren Büscheln. Bereits im 18. Jh. wurde die prächtige Rose, die zu den so genannten alten Rosen zählt, auf persischen Miniaturen abgebildet. Ihre feine, schwach nach Moschus duftende Essenz bildet die Kopfnote so berühmter Parfüme wie Infini *von* Caron, Imprévu *von Coty,* Joy *von Patou oder* Y *von Yves Saint-Laurent.*

Die Zahl der Rosenproduzenten in Grasse ist stark zurückgegangen, weil das hier hergestellte Blütenöl zwar als das kostbarste und begehrteste, aber auch als sehr teuer gilt, doch die Felder, auf denen Rosen angebaut und mit Sorgfalt abgeerntet werden, gehören noch heute zum Landschaftsbild. Im Mai bieten die Anbauflächen der blühenden Rosen, deren weicher, lieblicher Duft die Luft erfüllt, einen Anblick von erhabener Schönheit. Dann feiert man hier die Grasse Expo Rose, zu der die Zentifolie, die berühmteste Rose der Region, 30 000fach erblüht. Ein Test der Sinne für Rosenliebhaber!

Von den Rosenblütenblättern zum Parfüm

Einer arabischen Sage zufolge haben Pilger im 10. Jahrhundert einige Damaszenerrosen, deren Duft und Schönheit sie bewunderten, von ihrer Reise nach Mekka mit in die Heimat gebracht und sie dort, im südlichen Marokko, angepflanzt. Seit dieser Zeit, wenn im Mai im Oued Dades unweit von Kelaa M'Gouna und Souk Khemis die dichten Wildrosenhecken rings um Gersten- und Luzernenfelder in voller Blüte stehen und der Wind ihren pfefferähn-

Die in Sackleinen gelagerten Rosenblütenblätter (oben) bergen in sich das Geheimnis des vielschichtigsten Duftes überhaupt. Er kann nacheinander an Veilchen, Pfirsich oder Zitrone erinnern. In Grasse wird die berühmte Rose de Mai *angebaut, die eine Essenz von unvergleichlicher Reinheit liefert. Aus einer Tonne handgepflückter Blütenblätter werden zweihundert Gramm Essenz gewonnen (folgende Doppelseite).*

lichen Geruch übers Land trägt, findet das faszinierende Schauspiel der Rosenblütenernte statt. Abertausende frischer Blüten werden gepflückt und in Körben oder langen Tragetüchern gesammelt. Auf dem Boden des Lagerraumes bilden sie eine dicke, duftende Schicht, die von den Männern regelmäßig gewendet wird. Schließlich werden die Blüten in große Kupferbottiche geschaufelt, wo aus Tonnen von süßlich duftenden Rosen das kostbare Blütenöl, einer der Basisstoffe der Parfümherstellung, gewonnen wird. Nach der Ernte wird das Rosenfest gefeiert, zu dem sämtliche Einwohner der Gegend in festlichen Gewändern zusammenkommen. Es wird getanzt und gesungen, die Mädchen tragen Blumenkränze um den Hals und werfen Blütenblätter in die Menge.

Im Mai, dem Monat der Rosenblüte, beginnt auch die Ernte in den Hügeln Bulgariens und im türkischen Isparta. Über allem, den Häusern, den Menschen, den Pferden, liegt ein süßer Rosenduft. Das Blütenöl bulgarischer oder türkischer Rosen, ein flüssiges Gold, das den Parfümen Intensität verleiht, zählt zu den kostbarsten, wobei das Aroma je nach Anbaugebiet und Jahrgang variieren kann.

Einer romantischen Sage zufolge soll das Rosenöl aus Indien stammen, und zwar aus dem Garten des Großmoguls Jahangir von Shalimar. Eines Tages, als er mit dem Boot auf einem mit Rosenwasser gefüllten Kanal spazieren fuhr, bemerkte Nur Jahan, eine seiner Ehefrauen, Schaum an der Wasseroberfläche: ein ätherisches Öl, das durch die Sonneneinstrahlung auf natürliche Weise destilliert worden war. Von da an füllte man Rosenwasser in Holzfässer, die tagsüber der Hitze und nachts der Kälte ausgesetzt wurden, um das kostbare Öl zu gewinnen.

Heutzutage gibt es verschiedene Gewinnungsverfahren. Eines davon ist die Wasserdampfdestillation, durch die den Rosenblütenblättern die Duftstoffe entzogen werden. Vorher aber werden sie in großen Lagerschuppen ausgebreitet und gut durchlüftet. Fünf Tonnen Blüten sind nötig, um ein Kilo ätherisches Öl

Die Blüten der im marokkanischen Oued Dades geernteten Rose de Mai *werden immer wieder durchlüftet, bevor sie in die Destillationsbottiche gefüllt werden (links). Schon in alten türkischen Schriften ist das Blütenöl der Rose als* attar *bezeichnet worden, ein Begriff, der bis heute Gültigkeit hat. Den in Anatolien produzierten* attar *findet man in bestimmten Geschäften in Istanbul (unten). In diesen Lagerschuppen warten Rosen auf ihre Weiterverarbeitung (ganz unten).*

Caron brachte 1936 das Parfüm La Fête des Roses *in einem Kristallflakon auf den Markt* (unten). *Die Boutique Caron in der Pariser Avenue Montaigne wurde 1982 eröffnet* (rechts). *Bei der Wasserdampfdestillation werden die Duftmoleküle durch Wasserdampf entzogen* (ganz unten).

zu erzeugen. Man gibt fünfmal so viel Wasser wie Rosenblütenblätter in die Destillationsbottiche und bringt die duftende Masse zum Sieden. Der Wasserdampf wird durch Abkühlen in einem Kühler kondensiert und das Destillat, das Blütenöl, in einem Gefäß aufgefangen. Das anfallende Kondensat, das Rosenwasser, findet Verwendung in der Kosmetikindustrie und in der Küche.

In der Enfleurage, einem weiteren Gewinnungsverfahren, wird die Fähigkeit des Fettes, sich mit Duftstoffen zu sättigen, genutzt. Man gibt Rosenblütenblätter in ein Fettbad, an das sie ihre Düfte abgeben. Anschließend erhält man durch Extraktion mit Alkohol die stark duftenden Blütenwachse (oder *Essences concrètes*). Aus diesen wiederum erhält man nach einer speziellen Behandlung die so genannten *Essences absolues d'enfleurage,* deren Duft einen unvergleichlichen Eindruck hinterlässt, wobei man auch hier differenzieren muss: Die *Essence absolue* französischer Rosen unterscheidet sich von jener bulgarischer Rosen wie ein Bordeauxwein von einem Burgunder. Die goldgelbe *Essence* der *Rose de Mai* verströmt einen honigartigen, würzigen Duft, der weniger ausgeprägt ist als der Duft der Damaszenerrose mit orangegelber *Essence*. Kein Blütenduft aber ist so erlesen wie der Wohlgeruch alter Rosen, in den man immer wieder mit der gleichen sinnlichen Freude eintaucht.

Rosen und Parfümeure

Die Duftstoffe der Rosen, die der Parfümeur ihnen entlockt und umgewandelt hat, verleihen den unterschiedlichsten Parfümen ihren Charakter. Manche haben eine herbe, andere eine fruchtige Note, die einen sind eher säuerlich, die anderen nuancenreich.

Parfüme mit der Duftnote einer einzigen Blume sind ein wenig aus der Mode gekommen. An *Rose* (Molinard, 1860), *Rose Jacqueminot* (Coty, 1904) oder *Rose*

In zahlreichen neueren Kreationen hat die Rose den Solopart übernommen: Evelyn *von Crabtree and Evelyn,* Ce soir ou jamais *von Annick Goutal,* China Rose *von Floris* (oben) *und* 2000 et Une Roses *von Lancôme* (unten).

(Orsay, 1908) kann sich heute sicherlich niemand mehr erinnern. Aber wer ausschließlich Rosenduft möchte, sollte sein Glück in England bei Floris versuchen, wo man das Parfüm *China Rose* mit dem komplexen Bukett exotischer Rosen in orientalischer Lieblichkeit findet sowie *Zinnia,* eine Symphonie aus Rose, Veilchen und Iris mit holziger Basisnote. Das Unternehmen Crabtree and Evelyn hat ein Eau de Parfum namens *Evelyn* kreiert, das eine perfekte Umsetzung der von David Austin gezüchteten, gleichnamigen alten Rosensorte ist. Sylvie und Olivia Chantecaille aus New York hingegen haben sich von einer anderen Züchtung Austins, der 'Abraham Darby', zu ihrem Duft *Darby Rose* inspirieren lassen, der Wohlbehagen und Freude verbreiten soll. Es kommt zwar vor, dass die Duftnuancen der Rose hin zum Fruchtigen, zur Aprikose etwa oder zur Ananas tendieren, aber es geht nichts über die Rose mit dem reinen Rosenduft. Und Parfümkompositionen, die ihn enthalten, gibt es tatsächlich noch. Zum Beispiel *A Rose is a Rose* von Houbigant aus dem Jahre 1976, und *Rose absolue* von Annick Goutal, das in feiner, vollendeter Harmonie die Essenzen bulgarischer und türkischer, ägyptischer und marokkanischer Rosen sowie der *Rose de Mai* miteinander verbindet. Oder auch die jüngste Kreation von Sonia Rykiel (ein rosa Flakon in rosa Verpackung): *Rykiel Rose* verführt mit einer lustvoll-sinnlichen Rosenkomposition. *Voleur de roses* (l'Artisan Parfumeur) ist ein würzig-herber Duft für Männer mit einer Note von grünem Moos und feuchter Erde, während *Drôle de rose* (l'Artisan Parfumeur) dem Ewigweiblichen huldigt.

Für die Kosmetikfirma Shiseido entwarf Serge Lutens bereits *Rose de nuit,* ein, nach seinen eigenen Worten, intensives Parfüm, das dominiert wird von der Essenz der türkischen Rose. Seine neueste, nicht minder anspruchsvolle Kreation nennt sich *Sa Majesté la Rose,* ein erregender, eleganter, opulenter Duft, der die unverwechselbare Handschrift seines Schöpfers trägt. Patricia de Nicolaï, die 1989 mit dem *Prix inter-*

national als bester Parfümeur ausgezeichnet wurde,
hat *Jardin secret* kreiert, das die ganze Pracht marokkanischer Rosen heraufbeschwört, während *Rose
Pivoine* Assoziationen an einen morgendlichen Garten
mit taubenetzten Rosen und Pfingstrosen weckt. Sie
komponiert aber auch Düfte »nach Maß« für exzentri-
sche Millionäre wie jene Japanerin, die für ihre Rosen-
leidenschaft bekannt ist und dreitausend Flakons aus
Baccarat-Kristall mit dem eigens für sie entworfenen
Duft *Féerie Rose* als Geschenk für ihre Freunde be-
stellte. Christine Nagel, die ebenfalls Parfüme kreiert
(unter anderem *2000 et Une Roses* für Lancôme),
ersann für den Juwelier Poiray eine besondere Hommage an die Königin der Blumen: einen frech-würzi-

*Der von Sylvie und Olivia
Chantecaille kreierte Duft
Darby Rose (oben links) ist
eine Hommage an die von
David Austin 1985 gezüchtete
'Abraham Darby'. Der Wohl-
geruch der 'Grand Siècle'
(oben rechts) ist für den
Rosenzüchter Henri Delbard
das Maß aller Düfte. Mit
Rykiel Rose, ihrer neuesten
Kreation, hat Sonia Rykiel das
Thema Rose um eine weitere
Variante bereichert (rechts).*

Das intensive Rose de nuit *von Serge Lutens, das zarte, blumige* Un amour *von Jean Patou (unten), das kühne Parfüm von Poiray in dem einer Vase mit Blume nachgestalteten Flakon (rechts) oder auch das hübsch verpackte* Féerie Rose *von Patricia de Nicolaï (ganz rechts): vier Huldigungen an die Rose. Der wunderschöne Blütenkelch der 'Charles de Gaulle' (ganz unten) verbindet ein ungewöhnliches, kräftiges Mauve mit einem intensiven, durchdringenden Duft.*

gen Duft, dessen Kopfnote ein Anklang an opulente Edel- und Heckenrosen ist vor einem Hintergrund aus Ambra, Sandelholz und Vanille.

Rosen für die Schönheit

Bereits in der Antike wurde die Blume der Venus und der Aphrodite, die von Kleopatra und von Nofretete gleichermaßen geschätzte Rose zur Schönheitspflege verwendet. Ein von der französischen Malerin Elisabeth-Louise Vigée-Lebrun gemaltes Porträt der Marie-Christine de Bourbon in einem weißen Musselinkleid neben einem Rosenbusch, von dem sie Rosen bricht und in ihren Korb legt, hebt besonders den rosigen Teint und die zarte Röte auf den Wangen der Porträtierten hervor. Auch bei Lancôme spielt die Rose die Hauptrolle: Der Lippenstift *Rose de France* etwa ist mit dem Duft der bulgarischen Rose parfümiert. Die Farbpalette der Rouges, Nagellacke und Lippenstifte, ob von Bourjois oder Estée Lauder, bedient sich ohnehin aus dem reichen Farbenrepertoire der Rose. Zur Make-up-Kollektion von Guerlain, *Rosa Spirit,* gehört die Serie *Rose Pomponnette.*

Rosengesichtswasser, das sich leicht selbst herstellen lässt, wirkt wunderbar belebend und pflegt den Teint hervorragend. Geben Sie vierzig Gramm frische, rote, duftende Rosenblütenblätter in eine große Schüssel, gießen Sie sechshundert Milliliter kochendes destilliertes Wasser darüber und fügen einen Esslöffel Apfelessig bei, decken das Ganze ab und lassen es zwei Stunden ziehen. Dann filtern Sie das Gemisch und füllen es in ein sauberes Fläschchen. Im Kühlschrank hält sich das Gesichtswasser drei Tage.

Der für seine Kräutertees und Naturkosmetika bekannte Maurice Mességué empfiehlt Rosensalbe für einen schönen Teint. Dazu vermischt man 250 Gramm Schmalz und 250 Gramm frische Rosenblütenblätter und lässt das Ganze etwa eine Woche ziehen. Dann kocht man die Mischung bei schwacher Hitze und

Rosen schenken ein Gefühl von Frische und Sinnlichkeit. Teerosenseife von Roger et Gallet (unten); Rosa Magnifica von Guerlain und Drôle de Rose von l'Artisan Parfumeur; ganz links im Bild sind Seifenblättchen in Rosenblütenblätterform zu sehen (ganz unten).

drückt sie zum Schluss durch ein Tuch in ein Gefäß. Zur Herstellung von Rosenwasser, das sich als Mittel gegen Falten und geschwollene Lider, als sanfte Pflege für empfindliche Haut, aber auch zum Abschminken bewährt hat, benutzt er intensiv duftende Rosenblüten, die er ein wenig trocknen lässt und sie dann in einer dicken Schicht auf einem Tuch ausbreitet, das über die Öffnung eines Gefäßes gespannt wurde. Danach werden die Rosen gut mit Papier abgedeckt. Stellt man jetzt eine Tonschale voll glühender Holzkohle auf das Papier, beginnen die Blütenblätter durch die Hitzeentwicklung das Rosenwasser abzusondern, das in das darunter stehende Gefäß tropft. Eine feine Lotion erhält man, indem man etwa zehn Hände voll getrocknete Blütenblätter in vier Liter roten Weinessig gibt, die Mischung zwei bis drei Wochen in der Sonne ziehen lässt und anschließend filtert.

Rosenextrakte sind aber auch Bestandteil von Körpercremes und -ölen, von Waschgels, Seifen und vielen anderen Hautpflegeprodukten, bei deren Anwendung man das Gefühl hat, einen duftenden Rosengarten zu betreten. Diese Illusion erzeugen zum Beispiel die beruhigende Teerosencreme von Shiseido, die Bade- und Duschpflegeserie *Fleur de Rocaille* von Caron, das belebende Konzentrat von Decléor aus den pflanzlichen Ölen der Muskatellerrose oder auch die Pflegeserie von Weleda mit Ölen der Moschusrose *(Rosa moschata)*. Sie wird in den höheren Regionen der Anden angebaut und im chilenischen Herbst, von Februar bis Mai, wenn die Früchte reif sind, von Hand geerntet. Auf der Haut hinterlässt das Öl einen subtil-raffinierten, blumigen Duft. Die Kosmetikindustrie greift heute immer öfter auf natürliche Wirkstoffe zurück, und Rosenextrakte können adstringierend oder belebend, beruhigend oder pflegend wirken und versprechen strahlende Schönheit. So verbindet *Eau Rose* von Agnès B. die entspannende Wirkung des Wohlgeruchs mit der belebenden Frische eines feuchtigkeitspendenden Eau de Toilette.

Zwei provenzalische Firmen, die für ihre hochwertigen Produkte bekannt sind, haben eine umfangreiche Palette von Körperpflegemitteln mit Rosenduft herausgebracht. Von Côté Bastide gibt es diverse, nach alten Rosen duftende Eaux de Toilette und Badeöle, Seifen, Kräuterbadezusätze und Badesalze, Schaumbäder und Blütenwasser. Jeder Artikel wird besonders sorgfältig verpackt. Dazu verwendet man ein extrastarkes weißes Papier, das in altmodischer Schönschrift individuell beschriftet wird.

Die Kollektion von Jardins de l'Occitane umfasst mehrere Parfüme, die verschiedene Duftnoten miteinander kombinieren. In *Rose Néroli* etwa wird die hervorragende Duftkomponente der Rose ergänzt durch das frische Orangenaroma von Neroliöl und Zitrusöl. Es gibt unter anderem ein Eau de Toilette, ein Duschgel, einen Badezusatz und eine Körpermilch in dieser Duftrichtung.

Ob unaufdringlich und nuanciert, intensiv und fruchtig oder opulent und puderig: Mit Rosenduft assoziiert man Schönheit, Raffinesse, Luxus. Fragonard hat ihn in Schaumbad, Seife und Duschgel eingefangen (unten), *Côté Bastide hat ein Duftwasser und Badesalz daraus komponiert* (ganz unten).

Nicht nur auf der Haut, auch in der Wohnung entfaltet die Rose ihren Wohlgeruch dank einer Vielzahl von Produkten, wie zum Beispiel dem Raumduft Rose des Indes *von Jean-François Laporte (unten) oder dem Wäscheduft von L'Occitane, der einen Hauch von Rose in jeden Schrank trägt (ganz unten). Wem das nicht genügt, der kann eine mit Rosenduft parfümierte Kerze anzünden oder Rosenblütenblätter trocknen und eine Duftmischung herstellen, mit der man sich den Garten ins Haus holt (rechts oben und unten).*

Düfte für das Haus

Ein frischer Rosenstrauß ist sicherlich die schönste Art, eine Wohnung mit lieblichen Düften zu erfüllen. Doch es gibt auch noch zahlreiche andere Möglichkeiten. Die Floristen von Au Nom de la Rose bieten eine ganze Palette von Produkten an, mit denen man sich Rosenduft in die eigenen vier Wände holen kann. So etwa das zart duftende *Eau de Rose* von Molinard oder Duftperlen, die man zwischen die Wäsche legt, parfümierte Kerzen und hauchdünne Seifenblättchen in Form von Rosenblütenblättern.

Bei der Firma L'Occitane lässt man sich von den provenzalischen Märkten inspirieren und setzt die Anregungen in Duftmischungen speziell für die Wohnung um. Diese Düfte sind entweder würzig, blumig oder fruchtig und werden in Kerzen, Raumsprays, Raumparfümen, Potpourris oder Duftzusätzen für Staubsauger verarbeitet. Genießer werden sich für *Rose Poivre* entscheiden, eine sinnliche Kombination von lieblich duftender purpurroter Rose und einer herb-fruchtigen, mit Vanille und Aprikose abgerundeten Note.

In Marokko gilt Rosenwasser als Zeichen der Gastfreundschaft und der Reinheit. Es wird bei religiösen Zeremonien verwendet, aber auch bei festlichen Einladungen. Als Willkommensgruß wird es im Haus zerstäubt, und die Gäste besprüht man damit aus Glasflakons, deren langer Hals mit versilbertem Metall verkleidet ist. Manchmal verstreut man auch Rosenblütenblätter auf dem Boden oder dem Tisch. Die marokkanische Rose gilt als Glücksbringer und hält angeblich Unheil fern. Als Saladin, Sultan von Ägypten und Syrien, im Jahre 1187 die Kreuzfahrer vertrieb und Jerusalem zurückeroberte, befahl er, die El-Aksa-Moschee, die unter den Christen in eine Kirche umgewandelt worden war, mit Rosenwasser zu reinigen, das auf fünfhundert Kamelen aus Damaskus herbeigeschafft wurde.

Damit der feine Rosenduft auch bis in den hintersten Schrankwinkel dringt, kann man bei L'Occitane

Rosenwasser kaufen, das ins Dampfbügeleisen gefüllt wird. Beim Bügeln wird die Wäsche gleichsam mit dem Wohlgeruch imprägniert.

Auf wunderbare Weise bewahren selbst verwelkte Rosenblütenblätter noch ihren Duft. Sie eignen sich deshalb hervorragend für Potpourris, Duftmischungen aus Blütenblättern, Kräutern, Gewürzen und Ähnlichem. Erfunden wurden sie angeblich im Elisabethanischen England. Die Botanikerin Gertrude Jekyll, die Ende des 19. und zu Beginn des 20. Jahrhunderts berühmt war für ihre Gärten, berichtet ausführlich, wie sie ihre eigenen Duftmischungen herstellte: Monatelang sammelte sie morgens, sobald der Tau verdunstet war, scheffelweise Rosenblütenblätter, die sie an einem kühlen, trockenen Ort ganz dünn auf einem großen Tuch zum Trocknen ausbreitete. Anschließend füllte sie sie in Krüge voller Salz. Mit Geranienblättern, Lavendelblüten und Pomeranzenschalen verfuhr sie auf die gleiche Weise.

Gegen Ende des Sommers wurden die Krüge auf dem Backsteinboden der Terrasse ausgeschüttet; zu den getrockneten Blüten gab man Muskatblüten, Gewürznelken, Echten Schwarzkümmel, Benzoeharz und pulverisierte Veilchenwurzel. Jetzt wurde mithilfe von Schürhaken und kleinen Schaufeln alles kräftig miteinander vermischt. Am Abend wurde das Gemisch in ein Holzfass gefüllt — fertig war das Potpourri. Der liebliche, milde Duft eines Rosenpotpourris beschwört unweigerlich Bilder romantischer Gärten aus alten Zeiten herauf. Hier ist ein Rezept (eines von Dutzenden) für eine Mischung auf der Basis getrockneter Ingredienzien, die leicht und schnell herzustellen ist: Man nehme 150 Gramm rote duftende getrocknete Rosenblütenblätter, 50 Gramm rosarote Rosenblütenblätter, 50 Gramm Kamillenblüten, 50 Gramm Quassiaholzspäne, 50 Gramm pulverisierte Veilchenwurzel und 30 Gramm zerkrümeltes Eichenmoos, vermische alles, füge 20 Tropfen Rosenöl hinzu, mische das Ganze noch einmal und fülle anschließend das Potpourri in eine hübsche Schale.

Süße Rosen

»Bei dem Marabut von Temassine reichte man uns
am Ende der Mahlzeit parfümierte Kuchen. Sie
waren mit Goldblättern verziert, grau und rosa,
und schienen aus Brotkrumen gemacht zu sein,
die man mit den Fingern geknetet hatte. Sie
zerfielen im Munde wie Sand; aber es machte mir
doch Spaß, sie zu essen. Einige schmeckten nach Rosen,
die anderen nach Granatäpfeln, andere wiederum
schmeckten nach gar nichts mehr.«

André Gide, Uns nährt die Erde

*Aus gezogener Zuckermasse
formen Konditoren so voll-
endete Kunstwerke wie diese
gefüllte Rosenblüte* (rechts).

Wenn ein Mann der Dame seines Herzens ein Dutzend rote Rosen schenkt, erwartet er sicherlich nicht, dass sie daraus einen Salat oder eine Soße zubereitet. Dennoch haben Blumen, insbesondere Rosen, auch in der Esskultur Europas, des Nahen Ostens und Asiens immer schon eine wichtige Rolle gespielt. Der Brauch, Rosen in der Küche zu verwerten, stammt angeblich aus China. In Reiseberichten wird erwähnt, dass in Nanking Rosen speziell für diesen Zweck gezüchtet und ihre Blütenblätter zum Aromatisieren von Tee und Gebäck sowie zur Herstellung eines Likörs verwendet wurden.

Festmahl im Zeichen der Rose

Im alten Rom wurden bei Festbanketten die Tafel sowie die Speisen mit Rosenblütenblättern bestreut, und auf dem Markt waren die Stände der *rosarii,* der Rosenhändler, genauso umlagert wie die der Fleischer oder Bäcker. Trinkbecher wurden mit Rosen umkränzt und die Blütenblätter, die in den Wein fielen, mitgetrunken. Aus Rosen oder anderen Blumen stellte man auch ein weinähnliches Getränk her, indem man die Pflanzen in Most ziehen ließ. Frische Rosenblütenblätter in Flüssigkeit eingelegt, die sieben Tage lang dreimal täglich erneuert und mit Honig abgerundet wurden, nannte man *rosatum;* die Zubereitung diente zur Verfeinerung von Fisch- oder Wildragouts. Bereits Plinius der Ältere berichtet von Speisen, die mit Rosenblütenblättern bestreut oder mit ihrem Saft getränkt wurden, was Fleischgerichten einen unnachahmlichen Geschmack verleihe.

Sirup und Süßwaren

In der mittelalterlichen und der orientalischen Küche wurden Rosenblütenblätter in jeder nur erdenklichen Form verwendet. 1662 veröffentlichte

In die Kochkunst hat die Königin der Blumen dank ihrer Schönheit, ihrer Farben und ihres Aromas bereits vor langer Zeit Eingang gefunden. Die Blüten werden beispielsweise zu rubinrotem Sirup verarbeitet (Seite 137), die bunten Blütenblätter mit Zucker überkrustet (Seite 137 und links), und in der orientalischen Küche verwendet man ihre getrockneten Knospen für Tees und Aufgüsse, aber auch in Gewürzmischungen, die besonders zu Entenpastete sehr beliebt sind (unten).

In Tunesien, Marokko und Indien werden köstliche Rosensirupe hergestellt (unten). Für eine Teemischung mit Rosenaroma mischt man einfach hundert Gramm getrocknete, stark duftende Rosenblütenblätter unter 250 Gramm Tee (ganz unten). Bei Goumanyat in Paris kann man mit Hibiskus aromatisierten Rosenlikör kaufen (rechts). Er wird für Cocktails verwendet, aber auch zur Verfeinerung von Obstsalaten, die man mit Akazienhonig süßen kann.

Bartolomeo Stefani, Koch am Hofe eines italienischen Adelsgeschlechts, ein Kochbuch, das auch ein Rezept für eingemachte ganze Rosen enthielt: Man wasche sie und binde jeweils drei zusammen, tauche sie dann etwa zehn Minuten in angedickten Zuckersaft, lege sie anschließend in kleine Schälchen, lasse den Zucker aufkochen und gieße ihn über die Rosen. Vor dem Servieren mit passierten Jasminblüten abschmecken …

Die Rose als kulinarische Ingredienz gehört keineswegs nur in die Welt der römischen Orgien oder mittelalterlichen Bankette; auch heute noch wird sie gern in der Küche verwendet.

Wer einmal durch Istanbul geschlendert ist und türkische Köstlichkeiten wie zum Beispiel Rosenkonfitüre probiert hat, weiß, dass sich die Rose in göttliche Genüsse verwandeln, die Farbe eines Edelsteins und die Beschaffenheit von Honig annehmen kann. Zu den klassischen orientalischen Leckereien gehört das *Rachat Lokum,* eine ganz besondere Spezialität. Im Halbdunkel eines alten Süßwarengeschäftes am Markt des Istanbuler Stadtteils Galatasaray werden die kleinen, opalisierenden, mit Puderzucker bestäubten Würfel frisch zubereitet. Sie zergehen auf der Zunge und schmecken wunderbar zart nach Rosen.

Rosenwasser und Rosenessenz werden nach wie vor zum Aromatisieren von Likören und Obstweinen, Cremes, Speiseeis und Süßspeisen wie etwa dem herrlich erfrischenden traditionellen türkischen Milchpudding *muhallebi* verwendet. Getrocknete und pulverisierte Rosenknospen dienen, entweder allein oder vermischt mit anderen Zutaten, als Gewürz. Eine Vielzahl arabischer Gerichte verfeinert zum Beispiel *Ras el-hanout,* eine Mischung aus Zimt, Gewürznelken und den getrockneten Knospen der Moschusrose, alles ganz fein zerstoßen. Das Mansouria, ein marokkanisches Restaurant im XI. Arrondissement von Paris, bietet eine Köstlichkeit an, der man nicht widerstehen kann: knusprig gebackene Rosenknospen.

Rosenaroma, oft in Kombination mit Jasmin, verfeinert auch viele nordafrikanische Geflügelzubereitun-

Wer eine Schwäche für Süßes hat, sollte unbedingt das köstliche Rachat Lokum *probieren. Die mit Puderzucker bestäubten, wie Edelsteine schimmernden Würfelchen werden mit Rosenwasser aromatisiert (ganz oben).* Christine Ferber *verführt den Genießer mit exquisiten Leckereien: Ihre Konfitüre aus Rosenblütenblättern und ihr Elsässer Himbeergelee mit Rosenblütenblättern sind erlesene Spezialitäten (oben).*

gen. Unbedingt probieren sollte man das pikant gewürzte Tomatenmus mit Honig und Oued-Dades-Rosen, das zu Wild oder Lamm serviert wird.

In den namenhaften Pariser Feinkostgeschäften hat man auf das steigende Interesse an Produkten, die Rosen enthalten, reagiert. Bei Hédiard bekommt man zum Beispiel Apfelgelee mit Rosenblütenblättern, Rosenblütenblättergelee oder auch Sirup mit Rosenauszügen und Rosentee. Warum nicht den Strauß frischer Rosen von Au Nom de la Rose mit Rosenkonfitüre und Rosentee zum Frühstückstoast oder mit Rosensirup für einen Kir Royal der anderen Art ergänzen? Gefüllte Makronen sind eine Spezialität mehrerer erstklassiger Geschäfte in Paris. Ladurée hat sich immer schon besonders gut auf die Herstellung des knusprigen kleinen Gebäcks mit der cremigen Füllung verstanden, und seine Rosenmakronen sind eine wahre Offenbarung. Die mit einer Mousse aus Rosenblütenblättern gefüllten Tortenbiskuits mit dem schönen Namen *Le Paradis* gibt es bei Fauchon leider nicht mehr, aber dafür ganze Pyramiden von Rosenmakronen. In der Konditorei Goumanyat lassen Rosenkonfitüre und mit einer Zuckerschicht überzogene Rosenblütenblätter die Augen aller Naschkatzen aufleuchten. Der Schokoladenfabrikant Richart hat, neben vielen anderen Geschmacksrichtungen, auch eine Schokoladencremefüllung mit Verbenenkraut und Rosenblütenblättern kreiert.

Als der heilige Theobald vom Kreuzzug gegen die Heiden nach Provins zurückkehrte, pflanzte er eine rote Rose, um die ein regelrechter Kult entstand. Im 13. Jahrhundert wurden die getrockneten Blütenblätter der Provinsrose nach ganz Europa versandt, wo sie die unterschiedlichsten Speisen verfeinerten. In Provins gibt es heute noch ein Unternehmen, das das berühmte *confit de roses de Provins,* das Rosenblütenblättergelee, nach dem Originalrezept herstellt. Die Tradition will es, dass dafür Mitte September voll erblühte purpurrote Rosen gepflückt, die Blütenblätter verlesen, gewaschen und mit kochendem Wasser überbrüht werden.

Gartenrosen in der Küche

Angesichts der verlockenden Vielfalt kulinarischer Verwendungsmöglichkeiten stellt sich natürlich die Frage, welche Rosen sich am besten eignen. Kenner würden ohne zu zögern antworten: Gartenrosen, bevorzugt alte, stark duftende Sorten in dunklen Farben (Rot oder kräftiges Rosa), weil ihre Farben langlebiger sind. Essigrosen, Damaszenerrosen, Moosrosen oder Zentifolien eignen sich gleich gut. Man sollte aufgeblühte Exemplare wählen und sie frühmorgens pflücken. Experten sind sich darin einig, dass im Blumenhandel gekaufte Sorten immer eine Enttäuschung sind. Dagegen hat die Kartoffelrose (*Rosa rugosa*) in Purpur, Rosa oder Weiß ein erlesenes Aroma und schmeckt so köstlich, wie sie duftet.

Die berühmte Rosenkonfitüre, die sowohl von den Türken als auch von den Einwohnern der französischen Stadt Provins »erfunden« wurde, schmeckt besonders gut auf leicht getoasteter, noch warmer Brioche zum Nachmittagstee. Man sollte sie stilvoll in einer edlen Marmeladenschale servieren, die zu ihrem deliziösen Geschmack und ihrer feinen Konsistenz passt.

Mit Eiweiß bestrichen und mit Puderzucker bestäubt, getrocknet und dann über Süßspeisen gestreut, sind Rosenblütenblätter eine appetitliche Verführung (unten). Rosenblütenblätter sollten frühmorgens gepflückt werden. Vor der Zubereitung entfernt man den helleren, festeren Teil, der das Blütenblatt mit dem Blütenboden verbindet (ganz unten).

Unter den Gartenrosen sind die von David Austin gezüchteten Sorten, insbesondere 'Gertrude Jekyll' und 'Constance Spry', besonders zu empfehlen. Aber andere sind ebenso delikat, zum Beispiel die 'Tiffany', die 'New Dawn', die 'Charles de Mills', die 'Papa Meilland' oder auch die 'Madame Isaac Pereire'. Ein heißer, sonniger, früher Hochsommertag ist der ideale Zeitpunkt zum Pflücken. Man zupft die Blütenblätter aus dem Blütenboden – am besten umfasst man alle Blütenblätter und reißt sie mit einer Drehbewegung aus –, dann schneidet man den unteren hellen Teil, der bitter schmeckt, mit einer Schere ab. Anschließend breitet man die Blütenblätter auf einem Tuch aus und entfernt eventuell vorhandene Insekten mit einem Pinsel.

Alice Caron Lambert, die über 450 Rezepte auf der Grundlage essbarer Blumen kreierte und Expertin ist, was ihr Aroma angeht, hat 87 Rosenaromen, 25 Fruchtstände und zwei Laubsorten von Rosen auf ihren Geschmack hin getestet und ist zu dem Ergebnis gekommen, dass es fruchtige, pfeffrige, moschusähnliche, blumige, holzige, zitronenartige, ambraähnliche, würzige Geschmacksnoten gibt, die sich allesamt hervorragend für die Küche eignen.

Rosen-Desserts

Desserts, Süßspeisen und Süßigkeiten bieten sich geradezu für die Verfeinerung mit Rosen an. Pierre Hermé, früher Chefkonditor bei Fauchon, hat in seinem Buch *Secrets gourmands* ein Rezept für ein Roseneis veröffentlicht. Man nehme fünf unbehandelte Rosen der Sorte 'Sonia', zupfe die Blütenblätter ab, entferne den unteren Teil und gebe sie dann in eine kochende Mischung aus Milch und Sahne; man lasse sie eine Viertelstunde ziehen und gieße die Flüssigkeit durch ein Sieb, die Blütenblätter dabei gut auspressen; zu der duftenden Milchcreme füge man Rosensirup und Rosenwasser hinzu. Anschließend rühre man Eigelb und Zucker schaumig, gebe die Milchcreme dazu, lasse

das Ganze aufkochen und stelle die Creme nach dem Abkühlen ins Gefrierfach. Das Eis kann auch mit Himbeersorbet oder Karameleis serviert werden. Ein Rosenblütenblättersorbet lässt sich übrigens herstellen, indem man die Blütenblätter stark duftender, purpurner Rosen mit heißem, eingedicktem Zuckersaft vermischt.

In englischsprachigen Ländern kennt man seit dem 16. Jahrhundert die Süßspeise *syllabub*. Hier das Rezept für vier Personen: Die Schale von zwei unbehandelten Zitronen sehr fein reiben und zusammen mit dem Saft einer Zitrone und drei Esslöffel Zucker in einem Glas mildem Jerezwein ziehen lassen. Dann einen halben Liter Crème fraîche, den Saft der zweiten Zitrone und ein paar Tropfen Rosenessenz dazugeben, unterrühren und steif schlagen. Die Creme in eis-

Dunkelrote, duftende Rosen eignen sich am besten für die Verwendung in der Küche. Die 1963 gezüchtete 'Papa Meilland' ist eine solche Rose. Ihre samtigen purpurroten Blüten entfalten einen außergewöhnlichen, betörenden Wohlgeruch, der neben dem typischen Rosenduft eine Zitrusnote enthält. Da es sich um eine recht robuste Sorte handelt, gedeiht sie auch im Garten, wo sie den Rosenliebhaber mit ihrer üppigen Blüte erfreut.

gekühlte Schalen verteilen und mit überzuckerten Rosenblütenblättern bestreuen.

Ein traditionelles türkisches Rezept für Rosenkonfitüre verwendet die duftende *Rosa centifolia*. Man pflückt die Blütenblätter frühmorgens, wenn sie noch taufeucht sind, und entfernt den hellen unteren Teil. Dann vermischt man Blütenblätter, Zucker und Wasser zu gleichen Teilen, lässt das Ganze aufkochen und auf kleiner Flamme eindicken und gibt einen Spritzer Zitronensaft dazu. Diese köstliche Konfitüre wird in der Türkei oder in Bulgarien oft zu Quark oder Vanilleeis serviert.

Auch in der indischen Küche, insbesondere in der Hochgebirgslandschaft Baltistan in Kaschmir, kennt man die Rose. Ihre getrockneten Blütenblätter sind Bestandteil einer Gewürzmischung, der *garam masala,* die zur Verfeinerung von Fleisch oder Geflügel verwendet wird. Frische Blütenblätter gibt man zu Salaten, und Milchsüßspeisen werden mit Rosenessenz aromatisiert. Gästen reicht man Schälchen mit Rosenwasser zur Reinigung der Hände.

Es gibt ein paar ganz einfache Rezepte, wie man Rosen täglich genießen kann, indem man etwa Tee oder Zucker damit aromatisiert. Der auf Taiwan angebaute *Oolong*-Tee, bernsteinfarben und schwach fruchtig, eignet sich am besten dafür: 250 Gramm Tee mit 100 Gramm getrockneten, stark duftenden Rosenblütenblättern gut vermischen und in einer gut schließenden Blechdose aufbewahren. Für die Zuckermischung nimmt man 20 Gramm grob gemahlene getrocknete Blütenblätter auf 250 Gramm Puderzucker. Damit lässt sich Kuchenteig, aber auch Joghurt oder Quark süßen.

Rosengetränke

Wer einen eigenen Garten hat, kann sich nach einem alten Rezept ein Erfrischungsgetränk herstellen, das einfach himmlisch schmeckt. Man nehme eine gute Hand voll farbiger, duftender Rosenblüten-

Das Pariser Blumengeschäft Au Nom de la Rose war das erste in Europa, das ausschließlich Rosen anbietet. Für seine Floristen ist die Rose fast schon ein Symbol für Lebenskunst, was nicht nur durch Düfte und Dekorationen zum Ausdruck kommt, sondern auch durch Spezialitäten wie dieses golden schimmernde Blütenblättergelee (oben). Das Haus Ladurée ist bekannt für seine Makronen mit dem unvergleichlichen Rosengeschmack. Wer das kleine, runde Gebäck mit der cremigen Füllung und dem zarten Pastellton kostet, fühlt sich in den Orient versetzt. Das blumige Aroma und die zarte Konsistenz harmonieren so vorzüglich wie Geschmack und Farbe (rechts).

blätter, lasse Quellwasser aufkochen, gebe die Blütenblätter hinein und koche sie eine Minute mit, nehme
den Topf vom Feuer, decke ihn ab und lasse die
Mischung über Nacht stehen. Am nächsten Tag rühre
man den Saft einer Zitrone unter, gieße den Sud
durch ein Sieb und süße die Flüssigkeit mit Zucker
oder Honig. Eisgekühlt in großen Gläsern servieren
und dekorativ mit frischen Rosenblütenblättern
bestreuen.

Auch die Herstellung von Rosenlikör ist keine Hexe-
rei. Die verwendeten Rosen sollten stark duften und
voll erblüht sein. Nachdem Sie die Blüten sorgfältig
gewaschen und trocken getupft haben, pflücken Sie die
Blütenblätter ab. Wählen Sie ein Gefäß mit weiter
Öffnung und gut schließendem Deckel und füllen Sie
abwechselnd Rosenblütenblätter und Zucker hinein
(zwei Teile Rosenblütenblätter auf einen Teil Zucker),
schließen Sie den Deckel und lassen Sie die Mischung
eine Woche lang stehen. Dann fügen Sie einen Liter
vierzigprozentigen Alkohol hinzu und lassen die Mix-
tur in dem verschlossenen Gefäß eine weitere Woche
ziehen. Anschließend filtern und in Flaschen füllen.

Der Sommer ist gerade die richtige Zeit für einen
erfrischenden Rosenpunsch. Man fülle 500 Gramm
duftende Rosenblütenblätter sowie 100 Gramm Zucker
in eine Glasschale und gebe ein Gläschen Himbeerlikör
dazu. Zugedeckt das Ganze etwa eine Stunde ziehen
lassen, dann eine Flasche trockenen Weißwein dazu-
gießen und nochmals eine Stunde stehen lassen.
Anschließend die Mischung durch ein Sieb in einen
Krug gießen, eine Flasche gut gekühlten Sekt dazugeben und servieren.

Eine besondere Spezialität ist der in der Florentiner
Officina Profumo-Farmaceutica Santa Maria Novella
hergestellte Rosenlikör aus frischen Rosenblütenblättern und hochprozentigem Alkohol, der bei Er-
schöpfungszuständen wahre Wunder wirkt. Durch den
belebenden Duft der Rosen fühlt man sich in einen
blühenden Garten versetzt, dessen köstliche Aromen
neue Kraft spenden.

In der Officina Profumo-Farmaceutica Santa Maria Novella in Florenz, einer der ältesten Apotheken der Welt, wird ein ganz besonderer Rosenlikör hergestellt und abge-füllt. Nach einem speziellen Verfahren wer-den frische Rosenblütenblätter in hochpro-zentigen Alkohol eingelegt. Das Ergebnis ist ein belebendes Getränk von erlesenem Geschmack (links). Der im provenzalischen Gassin angebaute Wein mit dem schönen Namen Pétale de rose – Rosenblütenblatt – *ist ein klassischer Roséwein (unten). Rosen-wasser wird zur Verfeinerung von Kuchen und Süßspeisen verwendet (ganz unten).*

Die überzuckerten Rosenknospen sind zwar schlichter, aber nicht weniger dekorativ als Zuckerrosen (unten). Diese Rosen sind Kunstwerke aus der Hand des Konditors: Eine Mischung aus Puderzucker, Stärke und Gelatine wird so lange geknetet, bis eine formbare Masse entsteht, die zu Blumen von skulpturaler Finesse verarbeitet wird (ganz unten: Rosen aus dem Hause Lenôtre). Viele Stunden Arbeit stecken in dieser mehrstöckigen Hochzeitstorte der amerikanischen Konditorin Ann Amernick. Die Blütenblätter wurden Stück für Stück aus gezogener Zuckermasse geformt, bemalt und dann zu einer Blüte zusammengesetzt (rechts).

Diese Erfahrung machte bereits der französische Schriftsteller André Gide, der uns in *Uns nährt die Erde* von all den herrlichen Gärten erzählt, die er gesehen hat oder die ihn locken mit ihrer Schönheit: »Ich entsinne mich: mit Paul Ambroise saß ich eines Abends, wie in den Gärten des Akademus, auf einem antiken Grabe, das dicht mit Zypressen umstanden ist; und wir plauderten bedächtig, Rosenblätter kauend. (…) Ich träume von den Gärten von Mossul; man hat mir erzählt, sie seien voller Rosen.«

Rosen aus Zucker

Angesichts der anmutigen Form der Rosenblüte liegt ihre Verwendung zum Dekorieren nahe. Wird sie gepflückt, wenn sich die Knospe gerade geöffnet hat, und mit Zucker überzogen, hält sie sich monatelang.

Frische Rosen in Zuckerkruste sind ein erlesener Schmuck für jede Desserttafel. Wählen Sie Gartenrosen, deren Blüten sich noch nicht allzu weit geöffnet haben; sie sollten möglichst kräftige Farben und eine schöne Form haben, nicht beschädigt und natürlich auch nicht chemisch behandelt worden sein. Mit einem feinen Pinsel bestreicht man jedes einzelne Blütenblatt hauchdünn mit leicht schaumig geschlagenem Eiweiß. Dann wird die Rose ebenso gleichmäßig mit gesiebtem Puderzucker bestäubt und zum Trocknen an einem kühlen, trockenen Ort auf ein Kuchengitter gelegt.

Zuckermasse lässt sich ausziehen und wird von routinierten Konditoren zu floralen Kompositionen von erstaunlicher Feinheit und Wirklichkeitstreue verarbeitet. Zunächst wird Zuckersirup gekocht, dann auf eine Marmorplatte gegossen, gefärbt und in warmem Zustand ausgezogen und gefaltet, immer wieder, bis die glänzende Masse formbar geworden ist und gestaltet werden kann. Blütenblatt für Blütenblatt wird auf diese Weise geformt, um zu kunstvollen, aufgeblühten Seidenblumen ähnelnden Blüten zusammengesetzt zu werden, die zum Beispiel als dekorative Girlanden und Buketts mehrstöckige Hochzeitstorten zieren.

Rund um
die Rose

ROSENGÄRTEN

Deutschland

Rosengarten am Neustädter Elbufer
Carusufer
01099 Dresden
Kontakt: Grünflächenamt Dresden
Tel. (03 51) 3 10 55 81
Fax (03 51) 3 10 00 64
300 Rosen in 90 Arten u. Sorten in denkmalge-
schützter Anlage der 1930er Jahre des 20. Jhs.

Ostdeutscher Rosengarten
Wehrinselstraße 42
03149 Forst/Lausitz
Tel. (0 35 62) 98 94 46
Fax (0 35 62) 98 94 73
www.forst-lausitz.de
Anlässl. des 25. Krönungsjubiläums von Kai-
ser Wilhelm II. angelegter Rosengarten, in
dem heute 40 000 Rosen in 400 Arten u. Sor-
ten blühen.

Europa-Rosarium Sangerhausen
Steinberger Weg 3
06526 Sangerhausen
Tel. (0 34 64) 57 25 22
Fax (0 34 64) 57 87 39
Die weltweit größte Slg. an Wild- u. Garten-
rosen mit über 6500 Sorten.

Rosengarten im Tiergarten
Natur- und Grünflächenamt Tiergarten
Straße des 17. Juni Nr. 31
10785 Berlin
Tel. (0 30) 39 05 25 79
Fax (0 30) 39 05 24 78
Der Rosengarten hat viele histor. Rosen;
6000 Rosen in 119 Arten u. Sorten.

Britzer Garten
Sangerhauser Weg 1
12349 Berlin
Tel. (0 30) 70 09 06 22
Fax (0 30) 70 09 06 70
Der von einer Eibenhecke umgebene Rosen-
garten besitzt 18 000 überwiegend moderne
Rosen in 385 Arten u. Sorten.

Rosengarten am Schloss Charlottenhof
im Park Sanssouci
14414 Potsdam
Tel. (03 31) 9 69 43 09
Fax (03 31) 9 09 41 00
1998 wieder hergestellter – 1835 im streng
geometrischen Stil von P. J. Lenné angelegter –
Rosengarten mit 404 alten Rosen in 163 Sor-
ten, zur Hälfte auf Hochstämmen. Der eben-
falls von Lenné geplante Rosengarten auf der
Berliner Pfaueninsel lohnt auch einen Besuch.

Schlosspark Rosarium
Am Schlosspark 2b
24960 Glücksburg
Tel. (0 46 31) 6 01 00
Histor. u. engl. Rosen sowie Clematis vor der
zauberhaften Kulisse eines Renaissance-
Schlosses. 1991 eröffnetes Rosarium, dass der
Rosenkultiveur Ingwer J. Jensen nach Plänen
des Gartenarchitekten Günther Schulze reali-
sieren ließ; mit 400 Sorten.

Rosenschule Kordes
Rosenstrasse 54
25365 Klein Offenseth-Sparrieshoop

Schaugarten der Rosenschule Kordes.
(Vgl. auch Rosenzüchter, S. 156.)

Rosarium der Rosenstadt Uetersen
Berliner Straße
25436 Uetersen
Kontakt: Stadt Uetersen
Tel. (0 41 22) 71 42 87
Fax (0 41 22) 71 42 88
Auf Anregung der Rosenzüchter Wilhelm
Kordes u. Matthias Tantau angelegt u. 1934
eröffnet; 30 000 Rosen in 830 Arten u. Sorten.

Historische Rosensammlung
Jungfernstieg 3
25704 Meldorf
Tel. (0 48 32) 33 80
Die 50 histor. Rosensorten dokumentieren
400 Jahre Gartengeschichte von Dithmarschen.

Niederdeutscher Rosengarten
im Großen Garten Herrenhausen
Herrenhäuser Gärten
30419 Hannover
Kontakt: Grünflächenamt
Tel. (05 11) 16 84 75 76
Fax (05 11) 16 84 73 74
Formaler Rosengarten nach histor. Vorbild
mit 500 Rosen in 4 Arten u. 239 Sorten.

1000-jähriger Rosenstock
an der Apsis des Doms zu Hildesheim
Domhof
31134 Hildesheim
www.rz.uni-hildesheim.de
Kontakt: Stadt Hildesheim
Tel. (0 51 21) 30 12 82
Fax (0 51 21) 30 13 08
Legendärer 1000-jähriger Rosenstock, eine
mehrere Meter hohe Rosa canina.

Schlosspark Wilhelmshöhe
Schlosspark 18
34131 Kassel
Tel. (05 61) 3 22 80
Fax (05 61) 9 35 71 44
Gr. Slg. von histor. Rosen, Kletter- u. Wild-
rosen. Die Geschichte der Strauchrosen kann
an lebenden Pflanzen nachvollzogen werden.

Rosenpark Appenrode
Untergut Appenrode 3
37130 Gleichen-Bremke
Tel. (0 55 92) 12 39
Im histor. Ambiente einer Gutsanlage sind
2000 Rosen in 800 Arten u. Sorten gepflanzt,
vorwiegend histor. u. Wildrosen; mit For-
schungsgarten.

Rosengarten
Am Rosengarten 6
59348 Lüdinghausen-Seppenrade
Tel. (0 25 91) 92 61 72
www.seppenrade.de
14 000 Rosen in 600 Arten u. Sorten. Im
Rosendorf Seppenrade beherrscht die Rose
das Ortsbild.

Rosengarten und Rosenneuheiten
Palmengarten
Siesmayerstraße 61
60323 Frankfurt/Main
Tel. (0 69) 21 23 66 89
Fax (0 69) 21 23 78 56
Schön angelegtes Rosenparterre mit
Pergolen. Umfassende Slg. von Wild-
u. histor. Rosen.

Schaugarten der Rosen-Union
Bad Nauheimer Straße 47–49
61231 Bad Nauheim-Steinfurth
Tel. (0 60 32) 96 53 01
Fax (0 60 32) 8 62 20
Das Rosendorf Steinfurt liegt im Herzen des
ältesten Rosenanbaugebietes Dtlds. Der
Schau- u. Prüfgarten der Rosen-Union mit
über 300 Arten ist bes. sehenswert.

Rosenmuseum Steinfurth
Alte Schulstraße 1
61231 Bad Nauheim-Steinfurth
Tel. (0 60 32) 8 60 01
Fax (0 60 32) 8 79 15
Spezialmuseum zur Geschichte der Rosen.
Die Entwicklungsstufen von der Hagebutte
bis zum Rosenstock werden gezeigt. Mit
Fachbibliothek u. Rosendatenbank. Im
Museumsshop bekommt man Rosenpost-
karten, Bücher, Duftkissen, Rosenöle u.
Kosmetik aus Rosenessenzen.

Burg Hayn in der Dreieich
Fahrgasse 52
63303 Dreieich
Kontakt: Geschichts- und Heimatverein e.V.
Dreieichenhain
Tel. (0 61 03) 98 18 57
Histor. Gartenanlagen, die zum Teil mittel-
alterl. Vorbildern aus der Buchmalerei oder
Tafelbildern nachempfunden wurden.

Rosenhöhe
Wolfskehlstraße
64283 Darmstadt
Kontakt: Gartenamt Darmstadt
Tel. (0 61 51) 13 29 00
Fax (0 61 51) 13 29 32
10 000 Rosen in 250 Sorten; Verbindung von
Elementen engl. u. ital. Gartenkunst.

Kurfürstliche Burg Eltville
Burgstraße 1
65343 Eltville am Rhein
Tel. (0 61 23) 8 12 99
Üppige Kletterrosen u. viele histor. Rosen.

Europas Rosengarten
Rosengartenstraße
66482 Zweibrücken
Kontakt: Fremdenverkehrsamt
Tel. (0 63 32) 87 11 23
Fax (0 63 32) 87 11 23
Über 2000 moderne Rosensorten. Im Rosen-
lädchen gibt es schöne Dinge rund um die
Rose.

Wildrosengarten
Fasaneriestraße
66482 Zweibrücken
Kontakt: Fremdenverkehrsamt
Tel. (0 63 32) 87 11 23
Fax (0 63 32) 87 11 23
Über 700 versch. Sorten Wild- u. seltene
histor. Strauchrosen, die alle aus der Zeit vor
1900 stammen.

Rosengarten im Ebertpark
Haupteingang Erzberger Straße
67059 Ludwigshafen
Tel. (06 21) 5 04 33 75
1975 angelegt; ca. 2800 Rosen in 240 Arten u. Sorten; Schwerpunkt: Beetrosen u. alte Strauchrosen.

Tal der Rosen im Höhenpark Killesberg
Haupteingang Messe Stuttgart
Am Kochenhof 16
70192 Stuttgart
Kontakt: Garten- u. Friedhofsamt
Tel. (07 11) 2 16 54 25
Fax (07 11) 2 16 77 21
9000 Rosen in 170 Arten u. Sorten, die anlässl. der IGA 1993 gepflanzt wurden. Sehenswert ist auch der Rosengarten der Villa Berg im Stadtteil Berg.

Blühendes Barock
Schlosspark Ludwigsburg
Marbacher Straße
71640 Ludwigsburg
Tel. (0 71 41) 92 42 41
Fax (0 71 41) 90 31 82
www.blueba.de
10 000 Rosen in 250 Arten u. Sorten. Präsentation versch. Gartenstile u. Pflanzthemen.

Rosenneuheitengarten auf dem Beutig
Moltkestraße
76530 Baden-Baden
Kontakt: Gartenamt Baden-Baden
Tel. (0 72 21) 93 12 00
Fax (0 72 21) 93 12 10
Jährliches Treffen der Rosenexperten Ende Juni zur Begutachtung der neuen Sorten. 5000 Rosen in 200 Arten u. Sorten. Sehenswert ist auch die Gönneranlage in Baden-Baden an der Lichtentaler Allee.

Rosengarten im Stadtpark
Am Stadtpark 2
77933 Lahr
Tel. (0 78 21) 9 10 06 70
Fax (0 78 21) 3 06 69
Anlage nach dem Vorbild des berühmten Rosengartens Bagatelle in Paris; 1480 Rosen in 250 Arten u. Sorten.

Rosengarten auf dem Hubenloch
Romäusring (oberhalb der Altstadt)
78056 Villingen
Kontakt: Grünflächenamt Villingen-Schwenningen
Tel. (0 77 20) 82 27 41
Fax (0 77 20) 82 27 57
Der wohl höchstgelegene öffentl. Rosengarten Dtlds. 2500 Rosen in 80 Sorten, die sich in dieser Lage als widerstandsfähig (keine Spritzung) u. winterfest erwiesen haben.

Blumeninsel im Bodensee
78465 Mainau
Tel. (0 75 31) 30 30
Fax (0 75 31) 30 32 48
www.mainau.de
Die »Straße der Wild- u. Strauchrosen« wurde 1969 vom damaligen Gartendirektor Josef Raff angepflanzt; ca. 800 größtenteils histor. Arten u. Sorten; außerdem histor. »Italienischer Rosengarten« u. ein »Rosen-Informationsgarten«. Insges. 30 000 Rosen in 1300 Arten u. Sorten.

Rosengarten im Westpark
Westendstraße
81541 München
Kontakt: Landeshauptstadt München, Baureferat: Gartenbau
Tel. (0 89) 23 39 27 91
Fax (0 89) 23 32 07 62
20 000 Rosen in 500 Arten u. Sorten; davon über 250 Hochstämme. Ebenfalls sehenswert ist der Münchner Rosensichtungsgarten an der Sachsenstraße.

Frankreich

Roseraie de Berty
07110 Largentière
Tel. (04) 75 88 30 56
Fax (04) 75 88 36 93
Über 600 alte u. botar. Rosensorten; Verkauf vor Ort.

Ancien Hôtel Baudy
Musée-Restaurant
81, rue Claude Monet
27620 Giverny
Tel. (02) 32 21 10 03

Jardins de Bagatelle
Bois de Boulogne
75016 Paris
Tel. (01) 40 67 97 00
Bedeutendes Rosarium in einer Parklandschaft. Alljährl. findet hier ein Rosenzüchterwettbewerb statt, bei dem Neuzüchtungen vorgestellt werden.

Le Jardin du Parfumeur
Le Charme
89130 Mézilles
Tel. (03) 86 45 46 64
Eine vom Parfümschöpfer Jean F. Laporte geschaffene Oase der Ruhe. Mit Informationstafeln, die alles Wichtige rund um die Rose u. ihre einzigartigen Düfte enthalten.

Roseraie du Château de la Malmaison
92500 Rueil-Malmaison
Tel. (01) 41 29 05 55
Kaiserin Josephine legte den Grundstein für den berühmten Garten.

Roseraie du Val-de-Marne
94240 L'Haÿ-les-Roses
Tel. (01) 43 99 82 80
Der nat. botan. Garten für alte Rosen mit 3500 Arten u. Sorten.

Großbritannien

The National Rose Society
The Gardens of the Rose
Chiswell Green Lane
St Albans, Hertfordshire AL2 3NR
Tel. (0 17 27) 85 04 61
Die über 30 000 alten u. neuen Rosen bieten alljährl. zur Blütezeit einen einmaligen Anblick; Programm mit Konzerten u. Theateraufführungen.

Mottisfont Abbey Garden
Romsey, Hampshire S051 0LJ
Tel. (0 17 94) 34 07 57
Ein Kleinod des National Trust mit über 300 alten Rosensorten.

Österreich

Rosarium im Donaupark
Donauturmstrasse/Arbeiterstrandbadstrasse
1220 Wien, 22. Bezirk
Tel. (01) 26 97 92 10
www.wien.gv.at
Rosenslg. mit über 1000 Sorten.

Österreichisches Rosarium im Doblhoffpark
Pelzgasse
2500 Baden bei Wien
www.baden-bei-wien.at
Gr. Slg. v. Sorten des österr. Rosenzüchters Rudolf Geschwind.

Historischer Hofgarten Stift Seitenstetten
Am Klosterberg 1
3353 Seitenstetten
Tel. (0 74 77) 4 23 00 01 10
www.stift-seitenstetten.at
110 Sorten v.a. Strauch- u. Kletterrosen; kombiniert mit Blütenstauden u. Clematis.

Schweiz

Roseraie du Parc de la Grange
Quai Gustave-Ador
1211 Genf
Tel. (0 22) 4 18 50 00
Fax (0 22) 4 18 50 01
Öffentl. Stadtpark, Stätte der internat. Rosenprüfung mit Sorten, die noch nicht im Handel sind.

Rosengarten
Laubeggstrasse
3013 Bern
Kontakt: Stadtgärtnerei Bern
Tel. (0 31) 3 31 32 14
Fax (0 31) 3 31 32 89
Rosengarten hoch über der Altstadt gelegen.

Rosengarten Schloss Heidegg
6284 Gelfingen bei Luzern
Tel. (0 41) 9 17 13 25
Fax (0 41) 9 17 13 08
www.heidegg.ch
Sehr schöne Anlage im barocken Stil am Schloss; mit Veranstaltungsprogramm (Rosenseminare).

Rosengarten Kartause Ittingen
8532 Warth
Tel. (0 52) 7 48 44 11
Fax (0 52) 7 47 26 57
Histor. u. neuzeitl. Rosen in einer Klosteranlage.

Blindenrosengarten
Schanze
8640 Rapperswil
Tel. (0 55) 2 20 57 57
Fax (0 55) 2 20 57 50
www.rapperswil.ch
Zwei Rosen sind die Wappenblumen der Stadt Rapperswil. Der von Dietrich Woessner konzipierte Rosengarten für Blinde u. Invalide enthält nur duftende Rosen in allen Formen.

Internationale Alpine Rosenprüfstelle
8784 Braunwald
Aktuelle Rosensorten im Härtetest (Höhe 1300 m).

ROSENZÜCHTER UND BAUMSCHULEN

Deutschland

Schlossgärtnerei Gartenbau Lützow
Rosenower Straße 2
19209 Lützow bei Schwerin
Tel. (0 38 69) 59 98 33
Fax (0 38 69) 69 01 45
www.schlossgaertnerei-luetzow.de
Neben Rosenzüchtungen auch Accessoires.

W. Kordes' Söhne
Rosenstraße 54
25365 Klein Offenseth-Sparrieshoop
Tel. (0 41 21) 4 87 00
Fax (0 41 21) 8 47 45
www.kordes-rosen.com
*Hpts. eigene Züchtungen; Schaugarten mit
ca. 250 bewährten Sorten u. Neuzüchtungen;
Katalog.*

BKN Strobel
Wedeler Weg 62
25421 Pinneberg
Tel. (0 41 01) 2 05 50
Fax (0 41 01) 20 55 20
www.bkn.de
*Vertreibt hpts. Meilland-Rosen aus Frank-
reich; Katalog.*

Rosenwelt Tantau
Tornescher Weg 13
25436 Uetersen
Tel. (0 41 22) 70 84
Fax (0 41 22) 70 87
www.rosen-tantau.com
Hpts. eigene Züchtungen; Katalog.

Markenbaumschule Schütt
Vorder-Neuendorf 16
25554 Vorder-Neuendorf bei Wilster
Tel. (0 48 23) 91 95
Fax (0 48 23) 91 96
Histor. Rosen, Sortenliste; Schaugarten.

Rosen Jensen
Am Schlosspark 2b
25821 Glücksburg
Tel. (0 46 31) 6 01 00
Fax (0 46 31) 20 80
www.rosen-jensen.de
*Hpts. Austin-Rosen, viele histor. u. eigene
Züchtungen; Schaugarten, Veranstaltungs-
programm; informative Kataloge.*

Historische Rosengärten
Sabine Heiner-Lindenblatt
Göttinger Landstraße75
30966 Hemmingen
Tel. (05 11) 42 07 70
Fax (05 11) 4 20 77 13
www.historische-rosengaerten.de
*Spez. histor. u. engl. Rosen, auch Begleit-
pflanzen u. Gartengalerie (z.B. Rankgerüste);
Veranstaltungsprogramm. Im Rosengarten
sind v.a. histor. Strauch- u. Rankrosen zu
sehen.*

Noack Rosen
Im Fenne 54
33334 Gütersloh
Tel. (0 52 41) 2 01 87
Fax (0 52 41) 1 40 85
Hpts. eigene Züchtungen, berühmt für seine

*Rosen – viele mit ADR-Prädikat (Aner-
kannte Deutsche Rose); Katalog.*

Moor-Baumschule Vennegerts
Torfabfuhrweg
49828 Georgsdorf
Tel. (0 59 46) 5 33
Fax (0 59 46) 12 31
*Rosenschule mit gr. Auswahl an histor.
Rosen. Der Schaugarten zeigt histor., engl. u.
moderne Rosen. Die Baumschule bietet neben
Rosen u. gärtnerischem Zubehör auch kulina-
rische Spezialitäten aus Rosen an (Rosen-
likör, -sirup, -gelee, -essig) sowie Rosenpor-
zellan und Accessoires mit Rosenmotiven.*

Rosenbogen M. Heidrich
Zum Küsterland 10
59939 Olsberg
Tel. (0 29 62) 52 36
Fax (0 29 62) 80 28 79
*Alte u. engl. Rosen, Kletterrosen u. Rambler;
Rosenbegleitstauden; Schaugarten; Geschenk-
ideen rund um die Rose.*

Bioland Rosenschule
Werner Ruf
Zum Sauerbrunnen 35
61231 Bad Nauheim-Steinfurth
Tel. (0 60 32) 8 18 93
Fax (0 60 32) 8 23 75
www.rosenschule-ruf.de
*Rosen aus biolog. Anbau. Im Rosenlädchen
bekommt man alles, von kulinarischen Spezialitäten über Bücher, Briefpapier, Porzellan
u. Tischwäsche bis zur Naturkosmetik. Angebot von Workshops u. Aktionen.*

Rosenhof Schultheis
Bad Nauheimer Straße 3–7
61231 Bad Nauheim-Steinfurth
Tel. (0 60 32) 8 10 13
Fax (0 60 32) 8 23 75
www.rosenhof-schultheis.de
*Erste Adresse für alte Rosen, auch eigene
Züchtungen; Schaugarten; Verkauf von Acces-
soires, Rosenkosmetik, Rosenöl u. a.; infor-
mativer Katalog.*

Rosen-Union e.G.
Steinfurther Hauptstraße 27
61231 Bad Nauheim-Steinfurth
Tel. (0 60 32) 96 53 01
Fax (0 60 32) 8 62 20
www.rosen-union.de
*Vertrieb für Züchter aus mehreren Ländern;
Schaugarten; Katalog.*

Lacon Rosen
Johann Sigismund Piazolo Straße 4a
68766 Hockenheim
Tel. (0 62 05) 70 33
Fax (0 62 05) 1 85 74
www.lacon-rosen.de
*Histor. Rosen sowie Scarman- u. Delbard-
sorten; Accessoires, Rosenkosmetik u. Spezialitäten aus Rosen; Katalog.*

Karl Hetzel
Am Stadion 18
75038 Oberderdingen
Tel. (0 70 45) 22 70
Vertrieb eigener Züchtungen; Schaugarten.

Landhaus Ettenbühl
Hof Ettenbühl
79415 Bad Bellingen

Tel. (0 76 35) 82 23 57
Fax (0 76 35) 82 23 59
www.landhaus-ettenbuehl.de
*Histor. Rosen u. Country Shop mit Accessoires
u. Gartenwerkzeugen; Schaugarten; Angebot
von Gartenkursen mit John Scarman; Katalog.*

Rosengärtnerei Kalbus
Inh. J. Malinakova
Hagenhausener Hauptstraße 112
90518 Altdorf
Tel. (0 91 87) 57 29
Fax (0 91 87) 57 22
www.kalbus.de
*Romantische Rosen, engl. Rosen; Schaugarten
(3000 Rosen in 400 Arten u. Sorten); Veran-
staltungsprogramm; Katalog.*

Rosenschule Weingart
Hirtengasse 16
99947 Bad Langensalza-Ufhoven
Tel. (0 36 03) 81 39 26
Fax (0 36 03) 81 39 24
*Seltene histor. Rosen u. Züchtungen der ehe-
maligen DDR; Sortenliste.*

Frankreich

Les Roses anciennes d'André Eve
Morailles
45300 Pithiviers-le-Vieil
Tel. (02) 38 30 01 30
Fax (02) 38 30 71 65

Delbard
16, quai de la Mégisserie
75054 Paris Cedex 01
Tel. (01) 44 88 80 00
Fax (01) 44 88 80 16

Großbritannien

David Austin
Bowling Green Lane
Albrighton, Wolverhampton WV7 3HB
Tel. (0 19 02) 37 63 70
Fax (0 19 02) 37 51 77

Peter Beales
London Road
Attleborough, Norfolk NR17 1AY
Tel. (0 19 53) 45 47 07
Fax (0 19 53) 45 71 45

R. Harkness & Co. Ltd.
Cambridge Road
Hitchin, Hertfordshire SG4 OJT
Tel. (04 62) 2 42 04 02
Fax (04 62) 4 22 11 70

Österreich

Grumer Rosen GesmbH
Raasdorferstrasse 30
2285 Leopoldsdorf
Tel. (0 22 16) 22 23
Fax (0 22 16) 22 23 33
www.grumer.at
Anton Starkl GesmbH
Gärtnerstrasse 4
3430 Frauenhofen/Tulln
Tel. (0 22 72) 6 42 42
Fax (0 22 72) 6 36 70
www.gaertner-starkl.at

Baum- und Rosenschule Amschl
Raabau 77
8330 Feldbach
Tel. (0 31 52) 2 39 50
Fax (0 31 52) 2 39 56
www.amschl.at

Schweiz

Roseraies Tschanz
61, route de Chavannes
1007 Lausanne
Tel. (0 21) 6 24 44 02
Fax (0 21) 6 24 28 02

Roseraies Hauser
2028 Vaumarcus
Tel. (0 32) 8 35 12 18
Schaugarten.

Baumschulen Aebi-Kaderli AG
3186 Düdingen
Tel. (0 26) 4 81 44 44
Fax (0 26) 4 81 21 87
www.aebi-kaderli.ch

Richard Huber AG
Rotenbühlstrasse 8
5605 Dottikon
Tel. (0 56) 6 24 18 27
Fax (0 56) 6 24 24 24
www.rosen-huber.ch
*V.a. histor. Strauch- und Kletterrosen, auch
eigene Züchtungen; Schaugarten; Katalog.*

Baumschule Robert Hämmig
Meilenerstrasse 289
8132 Egg bei Zürich
Tel. (01) 9 84 14 33
Fax (01) 9 84 14 82

Grueber + Co. Pflanzenschulen
Striempelstrasse 43
8135 Langnau am Albis
Tel. (01) 7 13 23 00
Fax (01) 7 13 09 06

Hauenstein AG
Landstrasse 42
8197 Rafz
Tel. (01) 8 79 11 22
Fax (01) 8 79 11 88
www.hauenstein-rafz.ch
*Bezugsquelle für Meilland-Rosen in der
Schweiz; auch alte Rosen u. engl. Rosen;
Schaugarten.*

ROSENSCHAUEN UND -FESTE

Mai
Chelsea Flower Show. Royal Horticultural
  Society, GB-London
Grasse Expo Rose, F-Grasse

Juni
Rosenfest im Ostdeutschen Rosengarten,
  03149 Forst
Rosenwoche in Delitzsch, 04509 Delitzsch
Rosenfest mit Rosenfestumzug im Europa-
  Rosarium, 06526 Sangerhausen
Rosentag, 31134 Hildesheim
Rosenfest im Deutschen Rosarium,
  44139 Dortmund
Rosentage (alle zwei Jahre, gerade Jahres-
  zahlen), 65343 Eltville
Zweibrücker Rosentage, Rosengarten,
  66482 Zweibrücken
Internationale Rosentage, 76530 Baden-
  Baden
Rosenschau auf der Mainau, 78465 Mainau
Rosenschau im Botanischen Garten,
  81541 München
Bad Tölzer Rosentage, 83632 Bad Tölz
Badener Rosentage, A-2500 Baden bei Wien
Rosenfestival, Kasteel Hex, B-3870 Heers
Jährl. Rosenausstellung, CH-3013 Bern
Fête des roses, Parc floral de Haute-Bretagne,
  F-35133 Le Châtellier Ille-et-Villaine
Journées de la rose (zu Pfingsten),
  F-37520 La Riche Indre-et-Loire
Festival des roses, Jardins de Bagatelle,
  F-75016 Paris

Juli
Rosenfest mit Rosenkorso u. Wahl der Rosen-
  königin (alle zwei Jahre, gerade Jahres-
  zahlen), 61231 Bad Nauheim-Steinfurth
Rosenfest im Rosengarten Blühendes
  Barock, 71640 Ludwigsburg
Rosenfest (2. Wochenende) im Rosendorf
  mit Wahl der Rosenkönigin, 79809 Nög-
  genschwiel
Rosenschau, 89440 Unterliezheim
Hampton Court Palace Flower Show und
  British Rose Festival, Royal Horticultural
  Society, GB-London
City of Belfast International Rose Trials,
  IRL-Belfast

August
Rosen-, Volks- u. Lichterfest (3. Wochenende) im Rosengarten, 59348 Lüdinghausen-Seppenrade

September
Pillnitzer Rosentage, Söbrigener Straße 3 a,
  01326 Dresden-Pillnitz

ROSENVEREINIGUNGEN

World Federation of Rose Societies
Studio City, California
Tel. (03 23) 6 54 06 26
Fax (03 23) 6 54 06 28
www.worldrose.org.
*Die Weltrosenorganisation ist die Dachges.
von 34 nat. Rosenges. aus aller Welt. Sie
vergibt die höchste Rosen-Auszeichnung: das
Prädikat »Weltrose« (Rose of Hall of Fame);
Newsletter* World Rose News.

Belgien

Société Royale Nationale »Les Amis de la
Rose« Koninklijke Nationale Maat
Schappy »De Vrienden van de Roos«
Korte Aststraat 12
9750 Huise Zingem
Tel. (0 32) 93 84 83 39
Fax (0 32) 93 84 83 39
*Die belg. Rosenges. publiziert drei Newsletter
pro Jahr, das Jahrbuch Rosa Belgica erscheint
in frz. u. flämisch.*

Deutschland

Verein Deutscher Rosenfreunde (VDR)
Waldseestraße 14
76530 Baden-Baden
Tel. (0 72 21) 3 13 02
Fax (0 72 21) 3 83 37
www.rosenfreunde.de
*Ca. 9000 Mitglieder in 40 Freundeskreisen
(Regionalgruppen). Publikationen: vierteljährl. der Rosenbogen, jährl. das Rosenjahr-
buch; Broschüre: »Rosengärten in Deutschland«. Nennt Rosendörfer, Rosenstädte u.
einen Rosenkreis; bietet Reisen u. Vorträge
an; organisiert den jährl. Rosenkongress.*

Frankreich

L'Association *Rosa gallica*
Kontakt: Roseraie de la Cour de Commer,
Conservatoire de variétés anciennes
53470 Commer
Tel. (02) 43 04 13 62
Fax (02) 43 04 16 23
www.rosagallica.free.fr
*Die 1998 gegr. Vereinigung widmet sich v.a.
den Gallica-Rosen; vierteljährl. Publikation
Rosa gallica.*

Société Française des Roses »Les Amis des
Roses«
Roseraie du Parc de la Tête d'Or
69006 Lyon
Tel. (04 74) 94 04 36
Fax (04 74) 95 54 16

Großbritannien

The Royal National Rose Society
The Gardens of the Rose
Chiswell Green Lane
St Albans, Hertfordshire AL2 3NR
Tel. (0 17 27) 85 04 61
Fax (0 17 27) 85 03 60
www.roses.co.uk
*Publikation: vierteljährl. The Rose. Die Mit-
gliedschaft lohnt sich auch für England-
besucher, weil der Zutritt dann zu 18 berühm-
ten Gärten kostenlos ist.*

Österreich

Österreichische Rosenfreunde in der Öster-
reichischen Gartenbau-Gesellschaft
Parkring 12
1010 Wien
Tel. (01) 5 12 84 16
Fax (01) 5 12 84 17

Schweiz

Gesellschaft der Schweizer Rosenfreunde
Schlossbergstrasse 23
8820 Wädenswil
Tel. (01) 7 80 05 15
Fax (01) 7 89 99 11
www.rosenfreunde.ch
*Publikationen: mtl. das Rosenblatt, jährl.
Rosa Helvetica; Broschüre: »Rosengärten und
Gärten mit Rosen in der Schweiz« (enthält
auch priv. Gärten), Angebot von Reisen u.
Vorträgen; jährl. Treffen.*

FLORISTEN

Deutschland

Blumen-Koch
Westfälische Straße 38
10711 Berlin
Tel. (0 30) 8 96 69 00
Fax (0 30) 89 66 90 50
*Das ganze Jahr über eine gr. Auswahl an
Farben u. Sorten, darunter auch Duftrosen.
Rosen aus kontrolliertem Anbau.*

Blumen Damerius
Potsdamer Platz Arkaden
Alte Potsdamer Straße 7
10785 Berlin
Tel. (0 30) 4 53 80 05
Fax (0 30) 4 53 39 64
Erlesene Rosensorten in gr. Farbpalette.

Blumen-Studio Kolberger
Brunswiker Straße 53
24103 Kiel
Tel. (04 31) 55 44 29
Fax (04 31) 55 44 45
Gr. Angebot an unterschiedl. Rosensorten.

Blütezeit
Kieler Straße 86
25474 Bönnigstedt
Tel./Fax (0 40) 5 56 78 43
*In Wachs getauchte Rosen werden gefärbt u.
zu üppigen Sträußen verarbeitet.*

Martin Bode
Alt-Vinnhorststraße 6
30419 Hannover
Tel. (05 11) 74 88 66
*Florist, der auch engl. Rosensorten als
Schnittblumen führt.*

Renate Schnieders Blumen
Heumarkt 69
50667 Köln
Tel. (02 21) 2 58 11 80
Fax (02 21) 25 68 41

Rosengarten Uta Schulte-Arens
Rüthener Straße 46
59558 Lippstadt-Bökenförde
Tel. (0 29 41) 18 03
Fax (0 29 41) 2 18 70
Exkl. Blumenladen, auch Gartenaccessoires.

Blumen Hartmann
Marienstraße 17
70178 Stuttgart
Tel. (07 11) 60 43 28
Fax (07 11) 6 49 38 17

Thomas Starz
Im Haal 12
74523 Schwäbisch Hall
Tel. (07 91) 7 16 43
Fax (07 91) 9 78 23 08

Goldmann und Weigert
Fürstenrieder Straße 48
80696 München
Tel. (0 89) 56 05 41
Fax (0 89) 58 37 25
*Gr. Auswahl an Rosen u. kunstvollen
Gestecken.*

Gärtnerei Brandl
Ungerer Straße 141
80805 München
Tel. (0 89) 36 70 37
Fax (0 89) 36 72 95
*Rosen in gr. Farbauswahl. Viele Sorten,
darunter auch Strauch- u. histor. Rosen.*

Frankreich

Au Nom de la Rose
4, rue de Tournon
75006 Paris
Tel. (01) 42 22 22 12
www.aunomdelarose.fr

Les Milles Feuilles
2, rue Rambuteau
75003 Paris
Tel. (01) 42 78 32 93

Christian Tortu
6, carrefour de l'Odéon
75006 Paris
Tel. (01) 43 26 02 56

Österreich

Der Rosenkavalier
Kärntner Ring 13
1010 Wien
Tel. (01) 5 12 61 90
*Das Geschäft ist für seine schönen Rosen
berühmt. Im Sommer bekommt man hier
auch Duft- u. engl. Rosen.*

Blumenkraft
Schleifmühlengasse 4
1040 Wien
Tel. (01) 5 85 77 27

Schweiz

Ladenkette Rosenkavalier Blumen Galli AG
Könizstrasse 5
3008 Bern
Tel. (0 31) 3 82 20 20
Fax (0 31) 3 82 20 25
www.rosenkavalier.ch

INNENDEKORATION UND ACCESSOIRES

*Accessoires mit Rosen werden auch in einigen
der aufgeführten Rosengärten oder von
Rosenzüchtern angeboten, s. die entsprechen-
den Rubriken.*

Deutschland

Gerda Hüsch
Papenhuder Straße 59
22087 Hamburg
Tel. (0 40) 2 29 96 46
Fax (0 40) 2 20 65 17
Rosenkugeln u. a.

Die Rose
Fachgeschäft für Rosen und Accessoires
Eppendorfer Stieg 10
22299 Hamburg
Tel./Fax (0 40) 47 95 70
www.die-rose-hh.de
*Das Hamburger Geschäft ist wohl das einzige
in Dtld., das von Schnitt-, Seiden- u. konservierten Rosen über Bücher, Papeterie, Accessoires, Geschirr bis zum Rosengelee alles zum
Thema Rosen bietet.*

Rosenrot
Göttinger Landstraße 75
30966 Hemmingen
Tel. (05 11) 7 68 29 99
Fax (05 11) 7 68 29 98
*Accessoires, Schmuck, Geschirr, Stoffe,
Bücher, Kosmetika, Parfüme, Öle u. Spezia-
litäten. Rosen in jeder Form.*

Secret Garden
Heidrun Frfr. Schenck zu Schweinsberg
Gartenhaus
35260 Schweinsberg
Tel. (0 64 29) 3 46
Fax (0 64 29) 64 17
www.secret-garden.de
*Nützl. u. schöne Gartenprodukte für die
Rosenpflege.*

Manufactum
Hiberniastraße 5
45731 Waltrop
Tel. (0 23 09) 93 91 42
Fax (0 23 09) 93 98 00
www.manufactum.de
*Versand von histor. Rosensorten, edlen Werk-
zeugen, Reprints alter Gartenbücher u. a.*

Country Garden Christel Plasa
Nagolder Straße 23
72119 Ammerbach-Pfäffingen
Tel. (0 70 73) 23 72
Fax (0 70 73) 72 26
www.country-garden.de
Rankgerüste, Rosenlauben, Rosenbögen.

Schönes für Haus und Garten
Abstatter Straße 30
74199 Unterheinriet
Tel. (0 71 30) 67 76
Fax (0 71 30) 68 13
Rosenstäbe, Ornamente, Bögen u. Gitter.

Wolfgang Matt – Metallgestaltung für Haus
und Garten
Ländelstraße 34
74382 Neckarwestheim

Tel. (0 71 33) 1 54 77
Fax (0 71 33) 1 74 41
www.matt-online.de
Rosenlauben, Rankgestelle u. a.

Haus No 13
Metzgerstraße 13
77652 Offenburg
Tel. (07 81) 7 12 34
Fax (07 81) 9 70 87 33
*Kunstgewerbliches mit Rosen; Rosenbilder,
-tabletts, Dosen u. a.*

Frankreich

Sofie Debiève
7, rue Fleuriau
17000 La Rochelle
Tel. (05) 46 41 07 84
*Die Künstlerin stellt Bilder ausschließl. mit
getrockneten Blumenblütenblättern her.*

Prelle
5, place des Victoires
75001 Paris
Tel. (01) 42 36 67 21
*Das im 18. Jh. in Lyon gegr. Unternehmen ist
spezialisiert auf die Kreation u. Herstellung
handgewebter edelster Stoffe wie Brokat,
Lampas, Velours u. a.*

Casa Lopez
39–41, galerie Vivienne
75002 Paris
Tel. (01) 42 60 83 70
*Neben den bekannten Teppichen mit geometr.
Mustern gibt es hier auch Kanevas-Kissenhül-
len mit Rosenmotiven, entweder fertige oder
zum Selbstbesticken.*

Légeron
20, rue des Petits-Champs
75002 Paris
Tel. (01) 42 96 94 89
Fax (01) 40 15 96 03
*Das Haus mit der gr. Trad. in der Herst. von
Stoffblumen.*

Au Fil des Couleurs
31, rue Abbé Grégoire
75006 Paris
Tel. (01) 45 44 74 00
Fax (01) 45 44 74 50
*Gr. Auswahl von Tapeten mit Rosenmotiven
u. a. die schönsten alten Muster von Mauny.*

Michèle Aragon
21, rue Jacob
75006 Paris
Tel. (01) 43 25 87 69
*Reichhaltige Auswahl geblümter Stoffe u.
Decken.*

Emilio Robba
63, rue du Bac
75007 Paris
Tel. (01) 49 27 91 21
Kunstblumen-Experte.

Guillet
99, av. de La Bourdonnai
75007 Paris
Tel. (01) 45 51 32 98
*Edle Kunstblumen nach Maß, aber auch aus
China importierte, preiswerte künstliche
Rosen.*

Le Rideau de Paris
32, rue du Bac
75007 Paris
Tel. (01) 42 61 18 56
*Eine reichhaltige Auswahl an Stoffen, Tape-
ten, Haushaltswäsche u. versch. Dekorations-
gegenständen.*

Porthault
18, av. Montaigne
75008 Paris
Tel. (01) 47 20 75 25
*Feinste Haushalts- u. Tischwäsche in den
zartesten Schattierungen.*

Rose-Marie Schulz
30, rue Boissy d'Anglas
75008 Paris
Tel. (01) 40 17 06 61

Trousselier
73, bd. Haussman
75008 Paris
Tel. (01) 42 66 16 16
*Die Produktion von Kunstblumen hat die
Firma zwar aufgegeben, zum allg. Sortiment
gehören sie aber weiterhin.*

Lemarié
103, rue du Faubourg Saint-Denis
75010 Paris
Tel. (01) 47 70 02 45
Bedeutender Herst von Stoffblumen.

ADRESSEN FÜR
FEINSCHMECKER

Deutschland

Party-Service Safran
Bürgerhausstraße 8
35394 Gießen
Tel. (06 41) 4 67 30
Fax (06 41) 9 43 37 97
*In der Blütensaison werden einige Speziali-
täten aus Rosen angeboten, die auf Bestellung
frisch angefertigt werden.*

Rosaria
Kollektion für die Sinne
Postfach 13 01 32
53061 Bonn
Tel. (02 28) 9 18 01 79
Fax (02 28) 9 18 02 30
www.rosaria.de
*Spezielle Rosenblütengelee-Kreation im
Schmuckflakon mit Zertifikat.*

Hinnerbäcker OHG
Hermann Steinhauer und Söhne
Im Steckgarten 8
61231 Bad Nauheim-Steinfurth
Tel. (0 60 32) 9 61 60
Fax (0 60 32) 8 30 10
*Café u. Bäckerei; hier gibt es Rosentorten,
-eis, -likör, -marmelade, -trüffel.*

Weinessiggut Doktorenhof
Raiffeisenstraße 5
67482 Venningen
Tel. (0 63 23) 55 05
Fax (0 63 23) 69 37
*Aperitifessig »Balsam of Roses« mit Rosen-
blüten u. -öl; Rosengelee; Pralinen, verfeinert
mit Rosenbalsam.*

Hotelrestaurant Waldhaus Wilhelm
Kalmitstraße 6
67487 Maikammer
Tel. (0 63 21) 5 80 44
Fax (0 63 21) 5 85 64
www.waldhaus-wilhelm.de
*Frische Rosenblüten aus eigenem Anbau wer-
den in der Sommerzeit auf raffinierte Weise
zu versch. Kreationen verarbeitet.*

Weingut Breiling
Bahnhofstraße 15
67487 Maikammer
Tel. (0 63 21) 50 20
Fax (0 63 21) 5 72 92
Rosenlikör u. -trüffel; auch Versand.

Lacon
J. S. Piazolo Str. 4a
68766 Hockenheim
Tel. (0 62 05) 70 33 od. 40 01
Fax (0 62 05) 1 85 74
www.lacon-rosen.de
Gr. Angebot von der Blume bis zum Gelee.

Gasthof Zantl
Salzstraße 31
83646 Bad Tölz
Tel. (0 80 41) 97 94
Fax (0 80 41) 7 21 62
*Zur Blütezeit werden hier Rosenbowle, -likör
sowie -marmelade angeboten; draußen auf
der Terrasse schwelgt man im Rosenduft.*

Zur Iphöfer Kammer
Marktplatz 24
97346 Iphofen
Tel./Fax (0 93 23) 80 43 26
*Jürgen Simon kreiert ein Menü, das nur zur
Zeit der Rosenblüte angeboten wird.*

Frankreich

Christine Ferber
18, rue des Trois Epis
68230 Niedermorschwihr
Tel. (03) 89 27 05 69
Fax (03) 89 27 48 03
Köstliche Konfitüren auf Rosenbasis.

Goumanyat
7, rue de la Michodière
75002 Paris
Tel. (01) 42 68 09 71
*Likör, Gelee, mit Zucker überkrustete Rosen-
blütenblätter u. -aroma.*

Amin Kader
2, rue Guisarde
75006 Paris
Tel. (01) 43 26 27 37
*Hier gibt es den himmlischen Rosenlikör
aus der Officina di Santa Maria Novella di
Firenze.*

Au Nom de la Rose
46, rue du Bac
75007 Paris
Tel. (01) 42 22 22 12
Rosenwasser u. Blütenblättergelee.

Ladurée
16, rue Royale
75008 Paris
Tel. (01) 42 60 21 79
Köstliche Makronen.

BIBLIOGRAFIE

Sachbücher

Austin, David: *Alte Rosen und Englische Rosen.* DuMont, Köln 2000

Bauch-Troschke, Zita: *Duftende Rosen.* Callwey, München 2000

Beales, Peter: *Rosengärten.* Christian Verlag, München 1998

Becker, Jürgen/Kuhbier, Anke: *Die schönsten Rosen.* Ellert u. Richter, Hamburg 1998

Borstell, Ursel: *Rosenfreude.* Herder Verlag, Freiburg 1998

Büch, Christiane/Gehm, Thomas: *Inspirationen für den Rosengarten.* Ulmer, Stuttgart 1999

Caspersen, Gisela/Nebeling, Sabine: *Mit Rosen dekorieren.* Ellert u. Richter, Hamburg 2001

Döring, Wilhelm Ludwig: *Die Königin der Blumen.* Georg Olms, Hildesheim 2001

Donzel, Catherine: *Geliebte Blumen. Eine Kulturgeschichte.* Gerstenberg, Hildesheim 1998

Geißler, Uwe: *Porzellanmalerei Rosen.* Callwey, München 1997

Goverts, Wilhelm J.: *Die Rose.* Manuscriptum Verlag, Recklinghausen 1999

Hilaire, Christiane: *Rosen.* Ulmer, Stuttgart 1999

Jacob, Anny: *Rosen-Porträts.* Manuscriptum Verlag, Recklinghausen 1999

Dies./Grimm, Heidi/Grimm, Wernt: *Alte Rosen und Wildrosen.* Ulmer, Stuttgart 1992

Körner, Stefanie/Scarman, John: *Rosen für die Sinne.* Gräfe u. Unzer, München 2001

Kratz, Monika: *Floristik mit Rosen.* Ulmer, Stuttgart 2001

Lambert, Alice Caron: *Köstlichkeiten mit Blumen.* Weingarten Verlag, Weingarten 1999

Lebls Rosenbuch. Georg Olms, Hildesheim 1999

Lord, Tony: *Gärten voller Rosen.* Christian Verlag, München 2000

Love, Gilly: *Rosen.* Christian Verlag, München 1998

Markley, Robert: *Die BLV Rosen-Enzyklopädie.* BLV, München 1997

Ders.: *Rosen.* BLV, München 1999

McVicar, Jekka: *Essbare Blüten.* BLV, München 1998

Nissen, Gerda: *Alte Rosen.* Westholsteinische Verlagsanstalt, Heide 2000

Pross, Roswitha: *Rose Eros.* Eulen Verlag, Freiburg 1999

The Royal Horticultural Society (Hg.): *Rosen. DuMont's Gartenhandbuch.* DuMont, Köln 1997

Scarman, John: *Gärtnern mit Alten Rosen.* Christian Verlag, München 1997

Schultheis, Heinrich: *Rosen.* Ulmer, Stuttgart 1998

Taylor, Patrick: *Die 200 schönsten Strauch- und Kletterrosen.* Ulmer, Stuttgart 1995

Woessner, Dietrich: *Das praktische Rosenbuch.* Ulmer, Stuttgart 1996

Ders.: *Rosenkrankheiten und Schädlinge.* Ulmer, Stuttgart 2000

Geschenkbücher

Baling, Adalbert L.: *Rosen blühen überall. Heiteres und Hintergründiges.* Butzon & Bercker, Kevelaer 2000

Borstel, Ursel: *Rosenfreude. Schönheit und Zauber edler Rosen.* Herder, Freiburg 1998

Fröhlich, Anne M. (Hg.): *Rosen. Texte aus der Weltliteratur.* Manesse, Frankfurt/Main 1997

Heitz, Halina: *La Vie en Rose. Rosen und die schönen Dinge des Lebens. Gedichte, Rezepte und Gartentipps.* Mosaik, München 1998

Herzliche Rosengrüße. Pattloch, Düsseldorf 2000

Körner, Stefanie/Scarman, John: *Rosen für die Sinne. Gartentipps, Dekoideen & Schönheitsrezepte.* GU Gartenträume, Gräfe u. Unzer, München 2001

Lardon-Kattenbusch, Claudia (Hg.): *Vom Zauber der Rosen. Eine Reise in das Reich der Schönheit und der magischen Düfte.* Leib & Seele Mediaconcept, 1995

Meinel, Gertraud: *Rosenwunder. Legenden vom Geheimnis der Rose.* Edition Herder Bd. 12, Freiburg 1993

Rüber, Günter (Hg.): *Kleine Geschichten für Rosenfreunde.* Engelhorn, Stuttgart o. J.

BILDNACHWEIS

Alle Aufnahmen in diesem Band stammen von Christian Sarramon mit Ausnahme von: S. 7: Stair Santy Gallery, NY; S. 8: D.R.; S. 9 o: Deidi von Schaewen; S. 9 u: Harkness & Co; S. 10: D. Michalet/Privatsammlung; S. 11: RMN-Arnaudet; S. 12: Bridgeman-Giraudon; S. 13 o: The Bridgeman Art Library; S. 13 u: Bridgeman-Giraudon; S. 14 o: The Bridgeman Art Library, Whitford & Hugues, London; S. 15: D.R.; S. 16 o: The Fine Art Photographic Library; S. 15 u: Pierre Ferbos/Studio Flammarion; S. 19: Vincent Motte; S. 22/23: Deidi von Schaewen; S. 26 o: Elizabeth Bourgeois; S. 28: Vincent Motte; S. 29 u: Vincent Motte; S. 30 o/u: Deidi von Schaewen; S. 32/33: Vincent Motte; S. 34 o/u: Vincent Motte; S. 38: oben, Vincent Motte; S. 42 o/u: Deidi von Schaewen; S. 43: Vincent Motte; S. 45: Vincent Motte; S. 47: P. Ferret (*ABCdaire des roses*); S. 48: Katalog David Austin; S. 51 o: Deidi von Schaewen; S. 52: Deidi von Schaewen; S. 55: Marc Walter; S. 57 o: Marc Walter; S. 58/59: Marc Walter; S. 60 o: Alte Pinakothek, München; S. 60 u: The Bridgeman Art Library, Marc Walter/Slg. Monsieur und Madame Kenber; S. 61: Patrick Jacob/Agence Top; S. 76: Christophe Dugied; S. 84/85: Marc Walter; S. 98/99: Marc Walter; S. 102 u: J. Boulay; S. 104 u: Musée de Mulhouse/David Soyer; S. 105–107: Tapeten Firma Mauny; S. 110 o/u: J. Boulay; S. 111: Jean-Pierre Dieterlen; S. 113: V&A Picture Library; S. 117: Christopher Wood Gallery, London; S. 118: J. Boulay; S. 119: Ali von Bothmer; S. 120: Cyril le Tourneur d'Ison/Chanel; S. 121: SIP/Côté Sud/N. Mackenzie; S. 122/123: Fragonard; S. 124: Cécile Tréal/Jean-Michel Ruiz; S. 125 o: Cornucopia; S. 125 u: Givaudan-Roure; S. 126 o: Fragonard; S. 142 u: Pierre Ferbos/Studio Flammarion; S. 143: Jérôme Darblay; S. 144 o: Pierre Ferbos/Studio Flammarion; S. 150 o: Pierre Ferbos/Studio Flammarion; S. 150 u: Jean-Charles Vaillant; S. 151: Magazin Victoria, NY.

DANKSAGUNG

Die Autorin dankt Ghislaine Bavoillot, die es ihr ermöglichte, diese Liebeserklärung in Buchform zu schreiben sowie dem Lektoratsteam von Art de Vivre, ganz besonders Maud Hannon, Nathalie Labrousse, Anne Bouvier und Hélène Boulanger. Der Fotograf möchte sich insbesondere bei folgenden Firmen für ihre Unterstützung bedanken: Michèle Aragon, Conran Shop, Designers Guild, La Grande Epicerie du Bon Marché, Habitat, Il pour l'homme, Israël, Taïr Mercier, Marie Papier.
Der besondere Dank der Autorin gilt: Jean-Luc Averland, Martin Dimier, Lise Fournier, Inès Sarramon, Charlotte Sauvat.

Der Verlag dankt allen großen Mode- und Einrichtungshäusern sowie den Parfümeuren, die das für das Zustandekommen dieses Buches erforderliche Material freundlicherweise zur Verfügung gestellt haben, insbesondere: Agnès B., L'Artisan Parfumeur, Bernardaud, Elsa C., Caron, Casa Lopez, Chantecaille, Max Chaoul, Colefax and Fowler, Compagnie Française de l'Orient et de la Chine, Côté Bastide, Sofie Debière, Despalles, Dior, Dyptique, Entrée des Fournisseurs, Espace Rugby, Au Fil des Couleurs, Floris, Les Folies d'Elodie, Fouquet, Fragonard, Goumanyat, Annick Goutal, Guerlain, Amin Kader, Christian Lacroix, Ladurée, Lancôme, Jean-François Laporte, Philippe Model, Moschino, Boutique du Musée des Arts Décoratifs, Patricia de Nicolaï, Noël, L'Occitane, Patou, Poiray, Porthault, Prelle, Raynaud, Résonnances, Le Rideau de Paris, Emilio Robba, Roger et Gallet, Sonia Rykiel, Sabbia Rosa, Yves Saint Laurent, Rose-Marie Schulz, Shiseido.
Ein herzliches Dankeschön auch den Floristen, die Blumenarrangements eigens für dieses Buch zusammengestellt und uns viele wertvolle Informationen über die Rose im Wandel der Zeiten geliefert haben: Au Nom de la Rose, Baptiste, Stéphane Chapelle, Comme à la Campagne, Comme une Fleur, Céline Dussaule, Un Fleuriste, Georges François, Les Mille Feuilles, Moulié, Christian Tortu.
Der Verlag sagt auch Dank an Madame Samantha Adam, Journalistin bei *Figaro Madame*; Monsieur Jean-Luc Blais, der die Dekoration im Esszimmer von Claudia Cardinale gestaltet hat; Madame Anne-Laure Legrand, die uns bei unseren Recherchen im Hause Prelle hilfreich zur Seite stand; Madame Florence Maeght von der Boutique Le Rideau de Paris; Monsieur Magnan von Casa Lopez; Monsieur Mauny für die wertvolle Dokumentation über Tapeten und Madame Texier von der Boutique Au Fil des Couleurs.
Zu guter Letzt bedankt sich die Verlegerin herzlich bei Sylvie Girard, Christian Sarramon, Vincent Motte, Valérie Gautier, Maud Hannon und Sylvie Creuze, die ihre Leidenschaft für Rosen voller Begeisterung geteilt haben und ihr auf diesen duftenden Pfaden gefolgt sind.

Der Gerstenberg Verlag bedankt sich herzlich bei Maria Mail-Brandt, die uns – dank ihrer Leidenschaft für Rosen und Bücher und ihrer ausgezeichneten Website – mit Rat und Tat zur Seite stand. Surfen Sie selbst unter www.welt-der-rosen.de.

Abdruckgenehmigungen

Der einleitende Text auf Seite 18 wurde dem Buch *Doña Rosita oder die Sprache der Blumen* von Federico García Lorca entnommen, Suhrkamp Verlag, Frankfurt/Main 2001.
Der einleitende Text auf Seite 54 wurde dem Buch *Die Sonette* von William Shakespeare entnommen, Manesse Verlag, Zürich 1983.
Der einleitende Text auf Seite 86 wurde dem Buch *Alice im Wunderland* von Lewis Carroll entnommen, Gerstenberg Verlag, Hildesheim 1998.
Der einleitende Text auf Seite 116 wurde dem Buch *Die Sünde des Abbé Mouret* von Emile Zola entnommen, Winkler Verlag, München 1975.
Der einleitende Text auf Seite 136 wurde dem Buch *Romane und lyrische Prosa* von André Gide entnommen, Deutsche Verlags-Anstalt, Stuttgart 1973.